Ketogene Ernährung:

Ketogenes Rezeptbuch zum Abnehmen für die Diät, 99 Rezepte für Einsteiger und Berufstätige mit Lebensmitteln und diesem Kochbuch backen, Burger braten, vegetarisch und vegan kochen

Hauptspeisen

Dips und Soßen

Vorwort

Essen ist für uns Menschen längst mehr geworden als reine Nahrungsaufnahme. Unserem Körper wird also nicht einfach nur Energie, Nährstoffe und Flüssigkeit zugeführt. Das Essen hat bei uns schon längst eine geradezu philosophische Dimension erreicht und sie wird von vielen Ethikern als ein echtes Luxusproblem bezeichnet: Wir können es uns wegen unseres Wohlstandes leisten, uns tiefergehende Gedanken über unsere Ernährung zu machen.

Die meisten Menschen wollen sich so gesund wie möglich ernähren und somit ihrer Gesundheit etwas Gutes tun. Aber wir wollen trotzdem ethisch verantwortungsvoll leben, nicht zu viel Geld ausgeben und nicht auf jeden Genuss verzichten müssen. Diese Ansprüche bieten viele Lösungen.
Zu diesen Lösungen zählen als erstes die reinen Ernährungsphilosophien, die ihre Anhängerschaft nicht aus gesundheitlichen Erwägungen finden. Hier sind die vegetarische und die komplett vegane Ernährung zu beachten.

Außerdem gibt es viele spezielle Diäten oder Ernährungsformen. Für diese Methoden entscheiden sich Menschen aufgrund gesundheitlicher Abwägungen. Stichworte sind hier „Low Carb", „Low Fat" oder „Zuckerfrei". Diese Stichworte sind für Menschen wichtig, die auf eine Reduktion ihres Körpergewichts und die Wiedererlangung körperlicher Fitness hoffen. Andere Menschen hingeben müssen oder wollen auf eine spezielle Ernährung achten, weil sie entweder bestimmte Lebensmittel nicht vertragen oder gar allergisch darauf reagieren. Es gibt verschiedene Phänomene: Laktoseintoleranz oder die Glutenunverträglichkeit Zöliakie lassen sich beispielsweise seit Jahren verstärkt beobachten.

Die ketogene Ernährung widmet sich den Aspekten einer Ernährungsphilosophie als auch bestimmter Diätformen, sie lässt sich gerade deshalb nicht in eine Schublade schieben. Es ließ sich schon früher beobachten, dass die ketogene Ernährung zahlreiche Körperfunktionen unterstützt und damit zum Wohlbefinden der Menschen beitragen kann. Einige Experten halten sogar daran fest, dass die ketogene Ernährung bestimmte Krankheiten heilen beziehungsweise deren Symptome mildern oder den Krankheitsverlauf abschwächen kann. Beispiele hierfür wären bestimmte Formen der Epilepsie, Erkrankungen des Herz-Kreislauf-Systems sowie Parkinson und Alzheimer.

Die meisten Anhänger der ketogenen Ernährung bezeichnen die ketogene Ernährung nicht als eine Form der Diät, sondern einfach als eine bestimmte Ernährungsweise. Es wären keine Heißhungerattacken zu befürchten und auf kulinarischen Genuss müsse auch nicht verzichtet werden. Aber eins steht fest: Die Umstellungsphase ist nicht sehr einfach. Der Körper muss sich zuerst umgewöhnen. Disziplin und Geduld müssen Sie also aufbringen, wenn sie die ketogene Ernährung hautnah erleben wollen. Nach der Umstellungsphase geht es aber schnell bergauf und kann mit der Ernährungsform problemlos umgehen. Dann können sie die Vorteile der ketogenen Ernährung genießen: u.a. super Fitness, körperlicher wie geistiger Leistungsfähigkeit und allgemeines Wohlbefinden. Zudem erhalten Sie Ihr ideales Körpergewicht.

Außerdem werden 99 recht einfach nach zukochende Rezepte Ihnen im Anschluss Appetit darauf machen, sich der ketogenen Ernährung im kulinarischen Selbstversuch zu nähern.

Doch nun heißt es: Allen Lesern viel Spaß beim Lesen, beim Erkenntnisgewinn, beim Nachkochen und natürlich beim Genießen!

Welche Lebensmittel sind erlaubt?

Fette:
Die Basis der ketogenen Ernährung setzt sich aus Speisefetten zusammen. Besonders empfehlungswert sind Kokosöl, Palmöl, Olivenöl, Avocadoöl, Macadamiaöl sowie tierische Fette wie Butter, Schmalz oder Talg.
Obst und Gemüse:
Bei der Wahl von Obst- und Gemüsesorten sollte darauf geachtet werden, dass das tägliche Maximum an Kohlenhydraten im Blick behalten wird. Beerenfrüchte wie Brombeeren, Himbeeren, Stachelbeeren, Blaubeeren oder Erdbeeren dürfen gerne gegessen werden. Auch Nüsse sind gesunde, absolut ketogene Knabberei, es sei denn sie wurden zuvor gewürzt.
Fleisch und Fisch:
Fleisch und Fisch dürfen und sollten bei der ketogenen Ernährung auf Ihrem Speiseplan stehen. Im besten Fall verwenden Sie sogar Bioprodukte. Fleisch und Fisch enthalten viele Fette, Proteine und Mineralstoffe. Sie sind gut für die menschliche Gesundheit. Im verarbeiteten Zustand enthalten sie aber Nitrite, Nitrate, Zucker oder Natriumglutamat. Diese Stoffe sind nicht erwünscht bei dieser Ernährungsform.

Zucker und Süßstoffe:
Zucker besteht aus reinen Kohlenhydraten und ist daher tabu. Allerdings halten einige Fachleute Stevia, Saccharin, Aspartam sowie die Zuckeralkohole Xylitol und Erythrit für unbedenklich konsumierbar. Andere hingegen finden sie nicht besser als Zucker.
Die Mehrheit der Experten sin der Meinung, dass die kalorienfreien Süßstoffe keinen Einfluss auf unseren Insulinspiegel und somit auch nicht auf die Ketogene haben. Allerdings sollt der tägliche Konsum möglichst gering gehalten werden.

Alkohol:
Alkohol ist in größeren Mengen schädlich, das wurde schon längst erwiesen.
Kleinere Mengen Alkohol sind bei der ketogenen Ernährung trotzdem erlaubt, wenn man hierbei auch auf die richtigen Getränke setzt. Trockener Schaumwein, trockener Wein oder Whisky dürfen Sie trinken, allerdings den Konsum nicht übertreiben.

Warum ist die ketogene Ernährung eine gewichts- und fettreduzierende Diätform?

Das Grundprinzip der ketogenen Ernährung ist wie folgt: Es wird Nahrung mit kaum noch Kohlenhydraten zu sich genommen. Der Körper schaltet also somit auf sein Notprogramm um, weil sein Energiebedarf nicht gedeckt wird. Die Energie wird also aus den Nahrungsfetten gezogen. Auf eingelagert Fettreserven wird auch zurückgegriffen, obwohl diese normalerweise sehr hartnäckig sind

Dieser Effekt ist durch die Ketose sogar für Sportler durchaus vorteilhaft. Die "Batterie" in Form von Kohlenhydraten lässt sich vor und während der sportlichen Aktivität ziemlich begrenzt aufladen. Weil unser Körper keine großen Mengen an Kohlenhydraten speichern kann, wandelt er diese in Körperfett um. In der Ketose hat der Körper es neu gelernt, diese Fettreserven dann als Energiequelle zu nutzen.
Das ist also in Effekt, der selbstverständlich auch zum Verlust von Gewicht beitragen kann.

Somit lässt sich diese Diät vom Weiblichen wie auch vom Männlichen Geschlecht anwenden um Gewicht zu verlieren.

Welche Lebensmittel sollte man meiden?

Getreide und Getreideprodukte:
Beginnen wir als erstes mit dem wohl größten Knackpunkt bei der Umstellung auf eine ketogene Ernährung: Getreide. Brötchen, Pasta und Müsli beziehungsweise Frühstücksflocken sind kaum aus unserem Alltag wegzudenken. Getreide bildet die Ernährungsbasis der meisten Menschen. Komplett darauf zu verzichten wäre also ein echt hartes Unterfangen!

Reis und Mais:
Reis und Mais sind zwar kein „echtes" Getreide, aber sie weisen dieselben Eigenschaften auf und haben beispielsweise sehr viele Kohlenhydrate. Leider sind sehr oft auch in verarbeiteter Form zu finden. Popcorn und Puffreis sind nicht ketogen und dürfen bei dieser Ernährungsform nicht verzehrt werden.

Kartoffeln und Süßkartoffeln:
Bei den Kartoffeln handelt es sich um Kalorien auf Basis von Kohlenhydraten. Kartoffeln in jeder Form: Salzkartoffeln, Bratkartoffeln, Rösti, Pommes Frites, Kartoffelpüree, Kroketten oder Kartoffelchips stehen auf dem Index. Dies gilt natürlich auch in der Süßkartoffelvariante.

Zucker und Honig:
Diese Produkte bestehen hauptsächlich aus kurzkettigen Kohlenhydraten. Daher sind sie kein Freund der ketogenen Ernährung, sie sind hier besonders schädlich. Dasselbe gilt für Rübensirup, Ahornsirup oder Agavensaft.

Trockenfrüchte:
Frisches Beerenobst darf, wie schon erwähnt, konsumiert werden. Trockenfrüchte sollten allerdings vermieden werden. Durch den Vorgang der Dehydrierung wurde nämlich die enthaltene Süße in kalorienreichen Zucker umgewandelt.

Gibt es Nachteile bei der ketogenen Diät?

In den ersten Tagen werden Sie ein starkes Verlangen nach Zucker spüren. Dieser verschwindet aber wieder zum Glück ziemlich rasch. Außerdem kann es am Anfang vermehrt zu Kopfschmerzen kommen. Diesen Schmerzen können aber einfach beseitigt werden. Immer ausreichend Wasser trinken! Das ist wichtig, um die Giftstoffe auszuschwemmen. Das Hungergefühl kann auch reduziert werden, wenn man viel trinkt. Bitte klären Sie Ihr Diät-Vorhaben im Vorfeld mit dem behandelnden Arzt ab, es kann durch aus vorkommen das Sie für diese Diät aus gesundheitlichen Gründen nicht geeignet sind.

Was zeichnet ein ketogenes Rezept aus?

Ein ketogenes Rezept sollte im Idealfall alle drei Hauptgruppen der Nahrungsbestandteile (Fett, Proteine und Kohlenhydrate) in einem ausgewogenen Verhältnis bieten. Einigen Rezepten sind aber nur um „keto-freundliche" Rezepte, die dann erst in der Kombination komplett ketogen werden. Die Gemüsegerichte werden beispielsweise mit einer Soße kombiniert. Bei jedem Gericht werden die jeweiligen Nährwertangaben genannt, damit Sie den Überblick behalten können.

Gutes Gelingen beim Ausprobieren der ketogenen Ernährung!

Des Weiteren stellen wir unter folgender Seite einen _Ernährungsplan_ zur Verfügung, durch das Eintragen deiner Email erhältst du außerdem auch weiterhin nützliche Tipps und News gratis!
https://seu2.cleverreach.com/f/235898-231346/

Vorspeisen und Brunch

„Champignon-Cremesuppe"

Nährwerte pro Teller:
Fett: 30 g | Protein: 10 g | Kohlenhydrate: 6,5 g | Kalorien: 336
Zutaten für 4 Portionen:
55 g Butter| 2 Stangen Sellerie, in kleine Stücke geschnitten | 1 Zwiebel, mittelgroß, gehackt | 280 g Champignons, in kleine Stücke geschnitten | 5 Tassen Rinder- oder Hühnerbrühe| 1| ½ TL Pfeffer, schwarz | 1 TL Estragon | ½ TL Thymian | 120 ml Schlagsahne | 120 ml saure Sahne

Zubereitung:

1. **Die Butter als erstes in einem großen Topf auf mittlerer Stufe schmelzen lassen.**

2. **Darin Sellerie und Zwiebeln sautieren bis die Zwiebeln nach etwa 15 Minuten zu karamellisieren beginnen.**

3. **Die Champignons zusammen mit der Brühe und den Gewürzen zugeben, gut verrühren. Unter regelmäßigem Rühren etwa 30 Minuten köcheln lassen.**

4. **Dann den Topf von der Kochstelle nehmen und die Schlagsahne unterrühren.**

5. **Etwas abkühlen lassen, dann alles in einen großen Mixer geben und pürieren. Alternativ kann hier auch ein Pürierstab genutzt werden.**

6. **Die fertig pürierte Suppe wieder zurück in den Topf geben und erneut erhitzen.**

7. **Die saure Sahne unterrühren und die Suppe nun möglichst sofort servieren.**

„Minestrone Suppe"

Nährwerte pro Portion:

Fett: 19,5 g | Protein: 13,5 g | Kohlenhydrate: 9,5 g | Kalorien: 267

Zutaten für 4 Portionen:

225 g passierte Tomaten | 5 Tassen Rinderbrühe | 1 kleine Zucchini, fein gewürfelt | 60 ml Olivenöl extra vergine | 1 mittelgroße Zwiebel, gehackt | Stange Sellerie, kleingeschnitten | Karotte, mittelgroß, kleingeschnitten | 170 g Blumenkohl, kleingeschnitten | 3 Knoblauchzehen, gehackt | ½ TL Basilikum, getrocknet | ½ TL Thymian, getrocknet | ½ TL Salz | ¼ TL Pfeffer, schwarz, frisch gemahlen | 60 g GranaPadano oder ParmigianoReggiano, gerieben

Zubereitung:

1. Zuerst wird das Olivenöl in einem großen Topf auf mittlerer Stufe erhitzt.

2. Die Zwiebeln, die Karotten, den Sellerie und den Blumenkohl etwa 15 Minuten lang darin sautieren.

3. Die Brühe, die Tomaten, den Knoblauch sowie die Gewürze hinzugeben und nun mit Salz und Pfeffer abschmecken.

4. Anschließend abdecken und alles zugedeckt für etwa 25 bis 30 Minuten köcheln   lassen, bis die Zucchinis schließlich zart sind.

5. Die Minestrone von der Kochstelle nehmen, auf den Tellern verteilen und den Hartkäse noch darüber streuen. Guten Appetit!

„Frische Tomatensuppe"(vegetarisch)

Nährwerte pro Portion:
Fett: 30 g | Protein: 9 g | Kohlenhydrate: 11 g | Kalorien: 350
Zutaten für 4 Portionen:
4 Tomaten, groß| 55 g Butter | 1 Zwiebel, mittelgroß, gehackt
| 1 Karotte, mittelgroß, gehackt | 2 Knoblauchzehen,
gehackt | ½ TL Dill, getrocknet, gerieben | 1 TL
Basilikum, getrocknet, gerieben | ½ TL Selleriesamen |
15 g Petersilie, gehackt | 120 ml Schlagsahne | 120 ml
saure Sahne | 25 g GranaPadano oder
ParmigianoReggiano, gerieben

Zubereitung:

1. Die Tomaten an ihrer Unterseite x-förmig einritzen und nun
    für etwa 60 Sekunden in kochendes Wasser legen. Mit einem
    Schaumlöffel wieder herausnehmen, leicht abkühlen lassen
    und die Haut abziehen.

2. Nun die Tomaten zerkleinern und beiseite stellen. Im
    nächsten Schritt wird die Butter in einem großen Topf auf
    mittlerer Stufe schmelzen gelassen. Dann die Zwiebeln, den
    Sellerie und die Karotten für etwa 15 Minuten darin
    sautieren.

3. Anschließend kommen die zerkleinerten Tomaten, der
    Knoblauch und die trockenen Gewürze hinzu. Alles gut
    umrühren und zugedeckt für etwa 20 Minuten köcheln lassen.

4. Den Topf von der Kochstelle nehmen und leicht abkühlen
    lassen. Nun die Petersilie zugeben. Dann kommt die Suppe
    komplett in einen Mixer, um dort fein püriert zu werden.
    Alternativ kann hier auch ein Pürierstab genutzt werden.

5. Die fertige Suppe dann wieder im Topf erhitzen. Anschließend
    die saure Sahne einrühren und die Suppe mit dem geriebenen
    Käse bestreuen. Sofort servieren und das Gericht genießen.

„Gemüsebrühe" (vegetarisch)

Nährwerte pro TL:
Fett: 0,3 g | Protein: 1,6 g | Kohlenhydrate: 3,3 g | Kalorien: 25
Zutaten pro 100 g:
200 g Knollensellerie, geschält und in feine Würfel geschnitten
| 16 – 18 TL Salz | 30 g Liebstöckel, fein gehackt | 75 g
frische Petersilie, fein gehackt | 50 g frischer
Schnittlauch, fein gehackt | 2 große Zwiebeln, fein
gehackt | 2 Karotten, geschält und fein gehackt | 1
Stange Porree, fein zerkleinert | 2 Frühlingszwiebeln,
fein zerkleinert | 3 Knoblauchzehen, fein zerkleinert

Zubereitung:

1. 2 Marmeladengläser werden zunächst gründlich gespült, dann trocknen lassen.

2. Das zerkleinerte Gemüse und das Salz miteinander mischen. Anschließend im Mixbecher oder mittels Pürierstab zu einem Püree verarbeiten.

3. Die Masse in die Marmeladengläser füllen und dann gut verschließen. Durch den hohen Salzanteil ist sie gekühlt nun mehrere Monate haltbar.

4. Zur Herstellung einer frischen Gemüsebrühe kommen pro Liter Wasser etwa 3 bis 4 TL (je nach Geschmack) des Konzentrats mit in den Topf. Schmecken lassen.

„Kokos-Käse-Suppe" (vegetarisch)

Nährwerte (pro Portion):

Fett: 22 g | Protein: 11 g | Kohlenhydrate: 3,5 g | Kalorien: 255

Zutaten für zwei Portionen:

300 ml Gemüsebrühe, selbst gemacht | 100 ml Kokosmilch | 2 Schalotten, fein gehackt | 4 EL Apfelessig | 2 EL Gouda, gerieben | 2 El Tilsiter, gerieben | 1 TL Parmesan, gehobelt | 1 TL Kokosraspeln | 1 TL Butter | eine Prise Anispulver | Pfeffer | Salz

Zubereitung:

1. Die Butter zuerst in einer erhitzen Pfanne schmelzen lassen. Die Schalottenwürfel darin glasig werden lassen.

2. Den Apfelessig zugießen und die Flüssigkeit soweit einreduzieren, bis sie fast verschwunden ist.

3. Die Gemüsebrühe hinzugeben und das Ganze dann einmal aufkochen.

4. Die Gouda- und Tilsiter-Flocken in die Brühe geben. Diese auf mittlere Temperatur bringen und immer regelmäßig umrühren, während der Käse schmilzt.

5. Danach die Kokosmilch einrühren und mit Anis, Pfeffer und Salz abschmecken.

6. In einer Pfanne werden die Kokosraspel ohne Öl goldbraun geröstet.

7. Die Suppe auf den Tellern verteilen, sowohl mit den gerösteten Kokosraspeln als auch dem gehobelten Parmesan dekorieren und heiß auf den Tisch bringen.

„Krautsalat" (vegetarisch)

Nährwerte pro Portion:
Fett: 10 g | Protein: 2,5 g | Kohlenhydrate: 5,5 g |
   Kalorien: 122
Zutaten für 2 Portionen:
1 EL saure Sahne | 1 EL Mayonnaise | 1 TL Apfelessig |
   1/8 TL Salz| 1/8 TL Senfmehl | 120 g Weißkohl,
   gehobelt | 1 Karotte, mittelgroß, gehobelt | ¼
   Paprika in feine Streifen geschnitten | 2 EL
   Mandelsplitter, geröstet

Zubereitung:

1. Für das Dressing werden die saure Sahne, die Mayonnaise
   sowie Essig, Salz und Senf in einer kleinen Schüssel
   miteinander vermischt.

2. In einer größeren Schüssel anschließend den Weißkohl, die
   Paprika, die Karotten und die Mandeln vermengen.

3. Das Dressing unterheben, servieren und zum Schluss
   genießen.

„Rotkohlsalat" (vegetarisch)

Nährwerte pro Portion:
Fett: 14,5 g | Protein: 1,5 g | Kohlenhydrate: 4,5 g |
 Kalorien: 154
Zutaten für 4 Portionen:
1 kleiner Kopf Rotkohl, gehobelt| 1 Frühlingszwiebel,
 gehackt | ½ Paprika, rot, gehackt | 60 ml Olivenöl
 extra vergine| 80 ml Apfelessig | 1 TL Salz | ½ TL
 Selleriesamen | ½ TL Senfmehl | ¼ TL Pfeffer,
 schwarz, frisch gemahlen

Zubereitung:

1. Alle Zutaten werden in einer großen Schüssel miteinander vermischt. Salz, Pfeffer und die anderen Gewürze erst zum Schluss zufügen, um den Salat wunschgemäß abschmecken zu können.

2. Den Salat abdecken und etwa 3 Stunden lang in den Kühlschrank stellen. Dann die überschüssige Flüssigkeit abgießen, eventuell nochmals abschmecken und servieren. Guten Appetit!

„Erdbeersalat" (vegetarisch)

Nährwerte pro Portion:

Fett: 37,5 g | Protein: 5,5 g | Kohlenhydrate: 10,5 g | Kalorien: 401

Zutaten für 2 Portionen:

35 g Mandeln, gehobelt und geröstet | 120 g Blattsalat, in mundgerechte Stücke zerpflückt | 1 Stange Sellerie, mittelgroß, in Stücke geschnitten | ½ rote Paprika, in kleine Stücke geschnitten | 2 Frühlingszwiebeln, gehackt | 130 g Erdbeeren, in Scheiben geschnitten | 60 ml Weinessig | 60 ml Olivenöl extra vergine

Zubereitung:

1. Die Mandeln (sofern sie nicht bereits geröstet gekauft wurden) im Backofen etwa 6 Minuten lang bei 180 Grad (Ober- und Unterhitze) rösten lassen. Danach herausnehmen und bei Zimmertemperatur erkalten lassen.

2. Den Salat mit dem Sellerie, der Paprika, den Zwiebeln und den Erdbeeren vermischen. Essig und Öl zugeben, unterrühren und anschließend noch mit den gerösteten Mandeln garnieren. Guten Appetit!

„Japanischer Shrimpssalat"

Nährwerte (pro Portion, ohne Dressing):
Fett: 0,5 g | Protein: 11,5 g | Kohlenhydrate: 10 g |
    Kalorien: 90
Zutaten für 2 Portionen:
120 g Blattsalat | 100g Shrimps,| 90 g Rotkohl| 75 g
    Daikon-Rettich | 2 Frühlingszwiebeln | 1
    mittelgroße Möhre | ½ mittelgroße Gurke |
    Mandeldressing im Asia-Style | Roter Chili,
    feingehackt (falls gewünscht) | Petersilie (falls
    gewünscht)

Zubereitung:

1. Als erstes den Blattsalat, den Rotkohl und die Frühlingszwiebeln in mundgerechte Stücke schneiden und in einer Schüssel bei Seite stellen.

2. Die Gurke in feine Streifen schneiden und ebenfalls in die Schüssel geben.

3. Den Daikon-Rettich und die Möhre mit einem Hobel feinhobeln und in die Schüssel geben.

4. Fett in eine Pfanne geben und die Shrimps scharf anbraten.

5. Zuletzt den Salat, alle Gemüsesorten und die Shrimps in eine Salatschüssel geben und gleichmäßig miteinander vermischen.

6. Das Mandeldressing im Asia-Style darüber geben. Eventuell noch mit etwas fein gehacktem roten Chili und Petersilie bestreuen. Guten Appetit!

Merke: Das Mandeldressing im Asia-Style Rezept finden Sie im Inhaltsverzeichnis unter Dips & Soßen!

„Krabben-Louis-Salat"

Nährwerte (pro Portion):
Fett: 29,5 g | Protein: 27,5 g | Kohlenhydrate: 7,5 g |
Kalorien: 405
Zutaten für 4 Portionen:
340 g Krabbenfleisch, gebraten | 120 g Kopfsalat, in
mundgroße Stücke gezupft | 18 schwarze Oliven,
entkernt | 4 mittelgroße Tomaten, geachtelt | 4
Eier, hartgekocht und geachtelt | 210 g Chilisoße |
115 g Mayonnaise, selbstgemacht | 1 TL Zwiebeln,
fein gehackt | ¼ TL Worcestershire-Soße

Zubereitung:

1. Für das Dressing werden die Chili- und Worcestershire-Soße, die Mayonnaise und die Zwiebeln vorsichtig und gleichmäßig miteinander vermengt. Danach die Mischung im Kühlschrank abgedeckt bis zum Servieren des Salats aufbewahren.

2. Den Kopfsalat nun auf mehrere Teller verteilen. Danach mit dem Krabbenfleisch, den Oliven, Tomaten und Eiern verzieren und mit dem Louis-Dressing abrunden. Guten Appetit!

„Pfirsichsalat mit Lachs"

Nährwerte (pro Portion):
Fett: 44 g | Protein: 22 g | Kohlenhydrate: 8,5 g |
Kalorien: 518g
Zutaten für zwei Portionen:
170 g Lachs, gebraten und in Stückchen geteilt | 180 g
Spinat, frisch und in mundgerechten Stücken | 130
g Pfirsiche, gewürfelt | 2 mittelgroße Stangen
Stangensellerie, fein geschnitten | 3
Frühlingszwiebeln, fein gehackt | 30 g
Pekannüsse, gehackt | 4 g Koriander, gehackt | 60
g Mayonnaise, selbstgemacht | 1 EL Olivenöl extra
vergine

Zubereitung:

1. Für das Dressing werden die Mayonnaise und das Olivenöl
    gleichmäßig miteinander verrührt.

2. Spinat, Frühlingszwiebeln, Sellerie und Koriander vermischen.
    Das Dressing darüber gießen und alles gleichmäßig
    vermengen.

3. Lachs- und Pekannuss-Stückchen sowie Pfirsichwürfel auf den
    Salat geben und diesen zum Schluss noch servieren.

„Rührei mit Shrimps"

Nährwerte (pro Portion):
Fett: 39,5 g | Protein: 24 g | Kohlenhydrate: 1,5 g |
Kalorien: 457
Zutaten für 2 Portionen:
Eier, leicht verquirlt | 115 g Shrimps | 60 ml Cocktailsoße,
selbstgemacht | 4 EL Fett | ½ TL Fischsoße | etwas
Petersilie oder Koriander, jeweils gehackt (nach
Belieben)

Zubereitung:

1. Eier, Shrimps und Fischsoße zuerst in einer Schüssel vermischen.

2. Das Fett in einer Pfanne erhitzen.

3. Sobald es heiß genug ist, die Eier-Shrimps-Masse hinzugeben. Regelmäßig umrühren, bis sie stockt.

4. Das Rührei auf einen Teller füllen und mit der Cocktailsoße begießen. Zum Schluss eventuell noch etwas gehackte Petersilie oder ebensolchen Koriander darüber streuen. Schmecken lassen.

„Rührei mit Portobello-Champignons"

Nährwerte pro Portion:
Fett: 27 g | Protein: 24,5 g| Kohlenhydrate: 5,5 g |
Kalorien: 361
Zutaten für 2 Portionen:
170 g Schinkenspeck, fein gewürfelt | 120 g bzw. 4
Scheiben Cheddar-Käse | 2 Eier | 2 große
Champignons | 2 EL Speiseöl | Salz | Pfeffer,
schwarz, frisch gemahlen | 1 EL saure Sahne

Zubereitung:

1. Zuerst das Öl in einer Pfanne auf mittlerer Stufe erhitzen. In der Zwischenzeit die Schinkenwürfel mit den Eiern verquirlen, dann in die heiße Pfanne geben.

2. Abgedeckt circa 5 Minuten braten lassen, bis die Eier festgeworden sind. Parallel dazu die Champignons am Ansatz entstielen.

3. Jeden Pilz mit einer Scheibe Cheddar belegen, dann die Rührei-Mischung auf die Champignons verteilen. Zuletzt kommt die zweite Scheibe Cheddar oben drauf.

4. Die Pfanne mit etwa 60 ml Wasser füllen und die Pilze hineingeben. Abgedeckt für etwa 3 Minuten dünsten lassen, bis der Cheddar schließlich geschmolzen ist.

5. Die Pilze herausnehmen, eventuell mit Salz und Pfeffer abschmecken und auf Tellern anrichten. Einen Löffel saure Sahne als Topping auf die Champignons geben und servieren. Schmecken lassen.

„Rührei mit Räucherlachs"

Nährwerte (pro Portion):
Fett: 21 g | Protein: 24,5 g | Kohlenhydrate: 1 g |
     Kalorien: 290
Zutaten für zwei Portionen :
4 Eier | 160 g Räucherlachs, in feine Scheiben geschnitten
     | 1 TL Butter | 2 Messerspitzen Sahne-Meerrettich
     | 1 TL Dill, gehackt | Pfeffer, weiß | 2 Prisen Salz |
     etwas Schnittlauch oder Chili, fein gehackt (je
     nach Bedarf)

Zubereitung:

1. Die Eier als erstes in einer Schüssel aufschlagen, mit
    Meerrettich und Dill gleichmäßig verquirlen. Außerdem
    salzen und pfeffern. Dabei mit dem Salz vorsichtig umgehen,
    weil der Fisch in der Regel bereits gut gesalzen ist.

2. Das Ei in eine erhitzte, mit geschmolzener Butter versehene
    Pfanne geben und dann zu Rührei verarbeiten.

3. Kurz vor Ende der Garzeit die Lachsstreifen unter das Rührei
    ziehen.

4. Auf Wunsch vor dem Servieren ein wenig fein gehackten
    Schnittlauch oder ebensolchen Chili darauf geben. Schmecken
    lassen.

„Omelette mit Frühstücksspeck"

Nährwerte (pro Portion):
Fett: 4,5 g | Protein: 10,5 g | Kohlenhydrate: 1 g |
Kalorien: 86,5
Zutaten für zwei Portionen :
4 Eier, getrennt, nur das Eiweiß | 2 EL Frühstücksspeck,
fein gewürfelt | 40 ml Mineralwasser, mit
Kohlensäure | 1 TL Petersilie, gehackt |
Majoran, frisch | Pfeffer, frisch gemahlen

Zubereitung:

1. Zunächst das Eiweiß und das Mineralwasser gründlich
   miteinander verquirlen.

2. Den Frühstücksspeck in einer Pfanne knusprig anbraten.
   Dafür idealerweise eine beschichtete Pfanne benutzten und
   auf zusätzliches Fett verzichten.

3. Sobald der Speck knusprig ist, wird das verquirlte Eiweiß
   darüber gegossen und die Eier-Schinken-Masse mit Majoran,
   Petersilie und Pfeffer gewürzt.

4. Pro Seite dann etwa zwei Minuten lang braten.

„Spinat mit Ei und Schinken"

Nährwerte (pro Portion):
Fett: 32 g | Protein: 19 g | Kohlenhydrate: 3,5 g |
Kalorien: 378
Zutaten für zwei Portionen :
2 Eier | 120 g Blattspinat, grob gehackt | 100 g Schmand |
4 Scheiben Schinken | 2 Schalotten, fein gehackt |
2 Knoblauchzehen, fein gehackt | 2 Messerspitzen
Paprikapulver, scharf | Muskat, gerieben | Pfeffer
| Salz

Zubereitung:

1. Im erstes Schritt eine Pfanne aufsetzen, erhitzen und die Butter schmelzen.

2. Darin die Schalotten- und Knoblauchstückchen glasig andünsten.

3. Den Blattspinat ebenfalls in die Pfanne geben, zusammenfallen lassen.

4. Den Schmand zur Spinat-Schalotten-Knoblauch-Mischung geben, unterrühren und alles mit Muskat, Pfeffer, Salz und Majoran würzen.

5. Parallel dazu den Schinken in einer weiteren Pfanne knusprig anbraten lassen.

6. Danach die Eier mit dem Paprikapulver, Salz und Pfeffer verquirlen.

7. Den Schinken mit der Mischung bedecken und die Eier zwei Minuten leicht fest werden lassen.

8. Nun wenden, zwei weitere Minuten braten und zum Schluss zusammen mit dem Spinat auf einem Teller servieren.

„Kokosnussstreifen, frittiert"(Vegan)

Nährwerte:
Fett: 15g | Protein: 2g | Kohlenhydrate: 2g | Kalorien: 151
Zutaten pro Portion:
1/10 Kokosnuss | Kokosöl | Salz

Zubereitung:

1. Als erstes das Kokosnussfleisch aus der Schale lösen und in circa 5 mm breite Streifen schneiden.

2. Die Kokosnussstreifen in eine Schale geben und dann im Eisschrank komplett gefrieren. Da die gefrorenen Kokosnussstreifen mehrere Monate haltbar sind, können sie bei Bedarf noch einfach portionsweise herausgenommen werden.

3. Dann die gewünschte Menge Kokosnussstreifen herausnehmen und etwa 30 bis 60 Minuten lang bei Raumtemperatur auftauen lassen. Anschließend mit Küchenpapier trockentupfen.

   Achtung: Das vorherige Einfrieren dient nicht nur der Konservierung, sondern macht die Fasern auch weicher. Das ist sehr wichtig für das Frittieren.

4. Das Kokosöl in die Fritteuse geben, auf 170 Grad erhitzen. Dann die Kokosnussstreifen ins heiße Öl geben und goldbraun frittieren. Bitte stets nur eine Handvoll Streifen ins heiße Öl geben, damit diese auch schön kross werden.

„Käsechips" (vegetarisch)

Nährwerte pro Portion aus 55g Käse:
Fett: 18 g | Protein: 13,5 g | Kohlenhydrate: 0,5 g |
Kalorien: 218
Zutaten pro Portion:
55 g Käse, gerieben (z.B. Cheddar, Edamer, GranaPadano
oder Parmigiano- Reggiano)

Zubereitung:

1. Den Backofen auf 180 – 200 Grad vorheizen (Ober- und Unterhitze).

2. Backpapier wird auf das Backgitter gelegt. Entweder sollte das Papier bereits eine spezielle Antihaft-Wirkung haben oder mit Trennspray vorbehandelt werden.

3. Den geriebenen Käse auf dem Backpapier verteilen. Anschließend nach Belieben zu flachen, kleinen Häufchen zusammenschieben.

4. Nun den Käse in den Backofen schieben und, je nach Art des Käses und gewünschtem Bräunungsgrad, rund 20 bis 30 Minuten lang backen.

5. Sobald der Käse blasen wirft und sich ins Goldbraune verfärbt, ist er fertig und kann aus dem Ofen genommen werden. Achtung: Hartkäse wie Grana Padano oder Parmigiano Reggiano neigt dazu, schnell ranzig zu werden. Darum sollte dieser eher früher herausgenommen werden.

6. Nach dem Abkühlen sind die Käsechips schön kross. Nun können sie entweder sofort verzehrt oder in einem luftdicht verschlossenen Behälter bis zu mehreren Tagen aufbewahrt werden. Guten Appetit!

„Käse-Schinken-Röllchen"

Nährwerte pro Röllchen:
Fett: 15,5 g | Protein: 16 g | Kohlenhydrate: 4 g |
Kalorien: 219
Zutaten pro Portion:
1 Scheibe Schinken, dünn geschnitten | 1 Scheibe Käse
(z.B. Cheddar, Edamer, Butterkäse, Tilsiter oder
Gouda) | 1 EL Mayonnaise | Ca. 2 TL Mixed
Pickles, zerkleinert | Ca. 2 TL Gemüsesprossen,
zerkleinert

Zubereitung:

1. Den Schinken glatt ausbreiten und den Käse auflegen.

2. Die Mayonnaise darauf verstreichen, dann Mixed Pickles und Sprossen verteilen.

3. Aufrollen, eventuell mit einem Zahnstocher fixieren und abschließend genießen.

„Käse-Wölkchen" (vegetarisch)

Nährwerte pro Stück:
Fett: 15 g | Protein: 10 g | Kohlenhydrate: 0,5 g |
Kalorien: 177
Zutaten pro Portion (2 Stück):
1 Ei | 1/16 Weinstein-Backpulver | ½ EL Butter | ½ Tasse
Cheddar, gerieben

Zubereitung:

1. Backofen als erstes auf 170 Grad vorheizen (Ober- und Unterhitze).

2. Die Eier trennen. Das Eiweiß per Mixer zusammen mit dem Weinstein-Backpulver steif schlagen.

3. Das Eigelb und die Butter miteinander verrühren. Dann den Käse zugeben und alles zu einer gleichmäßigen Masse verrühren.

4. Rund 1/3 Eischnee in die Eigelb-Käse-Mischung geben und mit einmengen. Die fertige Eigelb-Käse-Mischung wird dann vorsichtig unter den Eischnee gehoben.

5. Die Masse nun auf einem mit Backpapier ausgelegten Backblech in vier etwa gleich großen Häufchen verteilen. Achtung: Die Masse läuft beim Backen auseinander, deshalb sollten die Abstände eher großzügig sein.

6. Die Käse-Wölkchen in den Backofen geben und knapp 20 Minuten lang backen lassen. Sie sind fertig, wenn sie leicht gebräunt sind.

7. Die Käse-Wölkchen aus dem Backofen nehmen und abkühlen lassen. Zuletzt werden sie noch per Tortenheber vom Backpapier abgenommen. Vorsicht, die Käse-Wölkchen sind sehr zart und fallen leicht auseinander.

Guten Appetit!

„Staudensellerie mit Krabbenfüllung"

Nährwerte pro Stück:
Fett: 11 g | Protein: 3 g | Kohlenhydrate: 2,5 g | Kalorien: 121
Zutaten pro Portion (4 Stangen):
4 Stangen Staudensellerie | 110 g Frischkäse, zimmerwarm | 30g Krabben oder Krabbenfleisch | ½ EL Mayonnaise | ¼ TL Zitronensaft | 1 Frühlingszwiebel, fein gehackt | ¼ Knoblauchzehe | 1/8 TL Salz

Zubereitung:

1. Den Stangensellerie zuerst waschen, bei Bedarf putzen und in circa 3 gleichmäßige Stücke teilen.

2. Die Zutaten für die Füllung im Häcksler einer elektrischen Küchenmaschine zerkleinern und miteinander vermischen. Die Krabben können entweder mit den übrigen Zutaten püriert oder unzerkleinert untergemischt werden.

3. Nun die Selleriestangen so drehen, dass die Seite mit der Mulde oben liegt. Diese Seite wird dann noch mit der Füllungsmasse bestrichen.
Servieren und genießen!

„Mini-Paprikaschoten mit Guacamole"

Nährwerte pro Stück:
Fett: 22 g | Protein: 5,5 g | Kohlenhydrate: 2 g | Kalorien: 230
Zutaten pro Portion:
1 TL Schinkenspeck, gewürfelt | 1 EL Guacamole | 1 Mini Paprikaschote, mild oder mittelscharf

Zubereitung:

1. Den Speck als erstes knusprig braten lassen.

2. Den gebratenen Speck aus der Pfanne nehmen, abkühlen lassen und mit der Guacamole vermengen.

3. Die Paprikaschoten öffnen beziehungsweise halbieren (je nach Größe), entkernen und die Häute entfernen.

4. Die Mischung aus Speck und Guacamole nun in die Paprikaschoten streichen.
    Achtung: Wenn der Speck knusprig genossen werden soll, bietet sich ein möglichst sofortiger Verzehr an.

5. Schmecken lassen.

„Eierflips" (vegetarisch)

Nährwerte:

Fett: 53 g | Protein: 4 g | Kohlenhydrate: 4,5 g | Kalorien: 511

Zutaten pro Portion:

½ Tasse süße Sahne oder Kokosmilch | ¼ Tasse Wasser | 1/8 TL Zimt | 1/8 TL Muskatnuss, gemahlen | 1 Ei | ½ MCT- oder Kokosöl, flüssig | 1/8 TL Vanilleextrakt | 1 Prise Mandelextrakt | 1 EL Ananas, in zerdrückten Stücken

Zubereitung:

1.	Das Wasser zur Sahne geben und dann die Mischung in einem kleinen Topf leicht zum Köcheln bringen.

2.	Danach Zimt und Muskatpulver hinzugeben, für eine Minute weiterköcheln lassen.

3.	Den Topf von der Kochstelle nehmen und abkühlen lassen.

4.	Ei, Vanilleextrakt, Mandelextrakt, Ananas und Öl in die abgekühlte Mischung geben und abschließend gut umrühren. Guten Appetit!

„Detox-Wasser"(vegan)

Nährwerte:
Fett: 0 g | Protein: 0 g | Kohlenhydrate: 0 g | Kalorien: 0 g
Zutaten pro Portion:
1 Liter Wasser | 5 cm Ingwer, frisch | 1 Chili, mittelscharf
| 2 Limetten, in Scheiben geschnitten

Zubereitung:

1. Ingwer und Chili klein schneiden. Diese zusammen mit den Limettenscheiben in eine Glaskaraffe geben.

2. Karaffe mit Wasser auffüllen.

3. Im Laufe des Tages kann die Mischung immer wieder neu mit Wasser aufgefüllt werden.

4. Zur Reinigung des Darms morgens oder abends ein Glas Detox-Wasser mit einem Teelöffel Glaubersalz verrühren und trinken.

„Gurken-Ingwer-Smoothie" (vegan)

Nährwerte:

Fett: 0,1 g | Protein: 0,4 g | Kohlenhydrate: 2,9 g |
    Kalorien: 14,1

Zutaten pro Portion:

¼ Salatgurke | ½ cm Ingwer| ½ Bund Koriander| ½
    Limette (nur der Saft) | 150 ml Tee, kalt (z.B.
    Kräutertee oder Grüner Tee) |

Zubereitung:

1. Alle Zutaten (außer dem Süßstoff) werden zusammen in einen Standmixer oder einen „SmoothieMaker" gegeben und zu einem cremigen Smoothie püriert.

2. Abschmecken und nach Belieben süßen. Anschließend genießen.

> **Tipp:** An heißen Tagen bietet es sich an, die Zutaten noch vorzukühlen. Alternativ können auch Eiswürfel beziehungsweise „Crushed Ice" mit in den Mixer gegeben werden.

„Matcha-Smoothie" (vegetarisch)

Nährwerte:
Fett: 0,4 g | Protein: 1,3 g | Kohlenhydrate: 0,3 g | Kalorien: 10
Zutaten pro Portion:
1 TL Matcha-Pulver | 1 EL Hüttenkäse | 1 kleine Prise Salz | 200 ml Tee, kalt (z.B. Kräutertee oder Grüner Tee) | Süßstoff nach Belieben

Zubereitung:

1. Alle Zutaten (außer dem Süßstoff) zusammen in einen Standmixer oder einen „SmoothieMaker" geben. Diese zu einem cremigen Smoothie pürieren.

2. Nun noch Abschmecken, nach Belieben süßen und anschließend genießen.

   Tipp: An heißen Tagen bietet es sich an, die Zutaten noch vorzukühlen. Alternativ können auch Eiswürfel beziehungsweise „Crushed Ice" mit in den Mixer gegeben werden.

„Moringa-Shake" (vegetarisch)

Nährwerte:
Fett: 1,7 g | Protein: 0,8 g | Kohlenhydrate: 4,5 g |
        Kalorien: 36,5
Zutaten pro Portion:
150 ml Mandelmilch, ungesüßt | 15 Gramm
        Moringablätter, frisch oder getrocknetes
        Blattpulver | 1 kleine Prise Salz | 1 Prise
        Kardamom, gemahlen | Süßstoff nach Belieben

Zubereitung:

1. **Alle Zutaten (außer dem Süßstoff) zusammen in einen**
    Standmixer oder einen „SmoothieMaker" geben und dann zu
    einem cremigen Drink pürieren.

2. **Abschmecken, nach Belieben süßen und abschließend**
    schmecken lassen.

    Tipp: An heißen Tagen bietet es sich an, die Zutaten
    vorzukühlen. Alternativ können auch Eiswürfel
    beziehungsweise „Crushed Ice" mit in den Mixer gegeben
    werden.

„Tomatensaft-Cocktail" (vegan)

Nährwerte:
Fett: 14 g | Protein: 2 g | Kohlenhydrate: 8 g | Kalorien: 166
Zutaten pro 2 Portionen:
1 kleine Dose Tomaten, passiert | ½ Tassen Wasser | ¼ TL Zwiebelpulver | 2 TL Zitronensaft | 2 EL Kokosöl | Salz | Pfeffer

Zubereitung:

1. Die passierten Tomaten werden mit dem Wasser und dem Zwiebelpulver in einen kleinen Topf gegeben und unter Umrühren erhitzt (aber nicht kochen).

2. Den Topf von der Kochstelle nehmen, dann leicht abkühlen lassen. Kokosöl und Zitronensaft einrühren.

3. Mit Salz und Pfeffer abschmecken, gut verrühren und genießen. Es schmeckt sowohl im noch leicht erwärmten Zustand als auch gut gekühlt!

„Virgin Colada" (vegan)

Nährwerte:
Fett: 21,1 g | Protein: 0,2 g | Kohlenhydrate | 5 g
Kalorien: 217,8
Zutaten pro Portion:
100 ml Kokosmilch | 4 Tropfen Ananas-Aroma | 1 Limette
(nur der Saft) | ½ Glas Eiswürfel | 1 EL Kokosöl |
Süßstoff nach Belieben

Zubereitung:

1. Die Kokosmilch zuerst mit dem Saft einer frisch gepressten Limette, dem Kokosöl und dem Ananas-Aroma in einen Mixbecher beziehungsweise einen SmoothieMaker füllen.

2. Alle Zutaten nun pürieren und nach Belieben mit Süßstoff abschmecken.

3. Die Mischung über die Eiswürfel gießen und dann sofort servieren. Guten Appetit!

„Grüne Bohnen mit Mandeln" (vegan)

Nährwerte pro Portion:
Fett: 30 g | Protein: 6 g | Kohlenhydrate: 7,5 g | Kalorien: 324
Zutaten für 2 Portionen:
30 g Mandeln, gehobelt oder gestiftelt und geröstet| 55 g Butter (Kokosbutter für Veganer) **| 1 kleine Zwiebel, gehackt | 225 g frische grüne Bohnen, grob geschnitten| ¼ TL Salz|**
1 große Prise Pfeffer

Zubereitung:

1. Den Backofen zuerst auf 180 Grad (Ober- und Unterhitze) vorheizen. Sollten die Mandeln noch nicht geröstet sein, können sie auf einem Backblech verteilt und 6 bis 8 Minuten geröstet werden. Dann aus dem Ofen nehmen und zur Seite stellen.

2. Die Butter nun in einem Topf auf mittlerer Stufe schmelzen lassen. Anschließend die Zwiebeln und die Bohnen zugeben und etwa 10 Minuten lang garen, bis das Gemüse schön zart ist. Zwischendurch umrühren.

3. Mit Salz und Pfeffer abschmecken. Anschließend mit den gerösteten Mandeln garnieren und abschließend servieren. Guten Appetit!

„Gurken mit Sahne-Soße" (vegetarisch)

Nährwerte pro Portion:

Fett: 9,5 g | Protein: 2,5 g | Kohlenhydrate: 7 g | Kalorien: 123

Zutaten für 4 Portionen:

175 g saure Sahne| 1 EL Estragonessig | 1 EL Zitronensaft | 1 EL frischer Dill, gehackt | ¼ TL Salz | 1 große Prise gemahlener Pfeffer, schwarz | 2 Gurken, mittelgroß, in Scheiben geschnitten

Zubereitung:

1. Für die Soße werden die saure Sahne mit dem Essig, dem Zitronensaft, dem Dill sowie dem Salz und dem Pfeffer verrührt.

2. Die Gurken nun hinzugeben und unterheben.

3. Servieren und genießen.

Indischer Gewürz-Joghurt" (vegetarisch)

Nährwerte:
Fett: 17,3 | Protein: 9,1 | Kohlenhydrate: 4,8 | Kalorien: 217,5
Zutaten pro Portion:
100 g Joghurt | 1 EL Frischkäse | 1 Spritzer Limettensaft | 1 Prise Zimt | 1 Prise Kurkuma | 1 Prise Kardamom, gemahlen | 1 Prise Nelkenpulver | 1 Prise Ingwerpulver | 1 Prise Cayennepfeffer | Süßstoff zum Abschmecken

Zubereitung:

1. Den Joghurt zuerst mit einem Schneebesen glattrühren. Dabei alle Gewürze und den Limettensaft nach und nach zugeben.

2. Den Joghurt ein paar Minuten durchziehen lassen. Anschließend je nach Geschmack mit Süßstoff abschmecken und genießen. Schmecken lassen.

„Auberginen mit Parmesan"

Nährwerte:
Fett: 12 g | Protein: 10 g | Kohlenhydrate: 6,5 g | Kalorien: 174
Zutaten pro Portion:
4 Streifen Schinkenspeck | 2 EL Butter | 1 Zwiebel, mittelgroß, gehackt | 1 Karotte, mittelgroß, gehackt | 1 Stangensellerie, gehackt | 2 Tassen Rinderbrühe | 2 Knoblauchzehen, gehackt | ½ TL Thymian, getrocknet | ¼ TL Majoran, getrocknet | ½ TL Oregano, getrocknet | ¼ TL Salz | ½ Lorbeerblatt | 60 ml passierte Tomaten | 2 EL Tomatensaft
Zubereitung:

1. Zuerst den Schinkenspeck in einem großen Topf knusprig anbraten. Anschließend abkühlen lassen, zerbröseln und zur Seite stellen.

2. Butter, Zwiebeln, Karotten und Sellerie ins noch im Topf befindliche Bratfett geben und anschwitzen.

3. Nach etwa 10 Minuten die Rinderbrühe den zerkleinerten Speck, den Knoblauch, die Gewürze und das Salz zugeben. Dann alles verrühren und etwa eine halbe Stunde abgedeckt köcheln lassen.

4. Das Lorbeerblatt wieder herausnehmen. Die Soße leicht abkühlen lassen, danach in einem Standmixer oder mittels Pürierstab pürieren.

5. Nun kommt die Soße zurück in den Topf. Jetzt kommen die passierten Tomaten und der Zitronensaft hinzu. Gut verrühren und erhitzen, bis die Soße schließlich leicht zu köcheln beginnt.

6. Auberginen würfeln oder in Scheiben schneiden und zugeben. 5 bis 6 Minuten köcheln lassen bis die Auberginen weich, aber noch bissfest sind. Mit Parmesan bestreuen und heiß Servieren.

„Blumenkohl-Muffins" (vegetarisch)

Nährwerte:

Fett: 9 g | Protein: 6,5 g | Kohlenhydrate: 1,5 g | Kalorien: 113

Zutaten für 6 Stück:

225 g Blumenkohl, in Röschen | 55 g Frischkäse, zimmerwarm | 3 Eier | ½ TL Salz | 55g Käse, gerieben (z.B. Cheddar, Edamer, Bergkäse oder Gouda)

Zubereitung:

1. **Den Backofen zuerst auf 200 Grad (Ober- und Unterhitze) vorheizen. Währenddessen werden die Röschen des Blumenkohls in einen mit Wasser befüllten Topf gegeben und gedünstet bis die Röschen zart sind.**

2. **Den Topf von der Kochstelle nehmen und den Blumenkohl mittels Nudeldurchschlag abgießen. Blumenkohl zusammen mit Frischkäse, Eiern und Salz zu einer glatten Masse pürieren.**

3. **Die Muffinform gut mit Butter einfetten. Anschließend die Blumenkohlmasse gleichmäßig auf die einzelnen Förmchen verteilen.**

4. **Muffins mit dem Käse bestreuen und dann in den Backofen geben.30 Minuten lang backen. Die Muffins können warm serviert, aber auch erkaltet gegessen werden. Guten Appetit!**

„Brokkoli-Auflauf" (vegetarisch)

(Nicht vegetarisch)
Nährwerte pro Portion:
Fett: 61 g | Protein: 32,5 g | Kohlenhydrate: 7 g |
  Kalorien: 707
Zutaten für 4 Portionen:
450 g Brokkoli, zerteilt in Röschen | 225 g Frischkäse,
    zimmerwarm | 60 g Mayonnaise | 28 g Jalapeño,
    fein gewürfelt | ½ TL Salz | 220 g Cheddar-Käse,
    gerieben | 6 Streifen Schinkenspeck, klein
    geschnitten

Zubereitung:

1. Zuerst den Backofen auf 190 Grad vorheizen. Währenddessen den Brokkoli dünsten oder kochen bis er schließlich eine knackig-zarte Konsistenz bekommt (circa 5 Minuten).

2. Den Brokkoli aus dem Topf beziehungsweise aus dem Wasser nehmen und dann abkühlen lassen. Bei diesem Prozess verdampft recht viel Feuchtigkeit.

3. Anschließend den Brokkoli in eine große Auflaufform geben. Nun wird der Frischkäse mit der Mayonnaise, der gewürfelten Jalapeño und dem Salz verrührt und die Mischung dann gleichmäßig über den Brokkoli gegossen.

4. Den Cheddar und anschließend die Speckstückchen über dem Brokkoli verteilen. Nun wird der Auflauf etwa 40 Minuten lang backen gelassen. Dass dieser fertig ist, ist an seiner Farbe zu erkennen. Außerdem wirft er oben meist erste Blasen. Schmecken lassen.

„Frittata mit Blattspinat" (vegetarisch)

Nährwerte (pro Portion):

Fett: 16 g | Protein: 14,5 g | Kohlenhydrate: 3 g | Kalorien: 214

Zutaten für zwei Portionen:

4 Eier | 60 g Blattspinat, gehackt | 2 EL Ricotta | 2 Schalotten, fein gehackt | 2 Knoblauchzehen, fein gehackt | 1 TL Butter |

Zubereitung:

1. Die Butter als erstes in einer Pfanne erhitzen. Die Schalotten- sowie Knoblauchstückchen glasig werden lassen.

2. Den Blattspinat dazugeben und solange garen, bis er leicht zerfällt.

3. Derweil wird der Backofen bei 200 °C vorgeheizt.

4. Den Spinat in eine kleine Auflaufform geben und mit Ricotta bedecken.

5. Eier, Pfeffer und Salz miteinander verquirlen und dann die Masse auf den Blattspinat geben. Die Frittata für etwa zehn Minuten mit Ober- und Unterhitze backen, danach aus dem Backofen holen und noch warm servieren. Schmecken lassen.

„Gefüllte Paprika"

Nährwerte pro Portion:
Fett: 13,5 g | Protein: 15 g | Kohlenhydrate: 4,5 g |
Kalorien: 199
Zutaten für 4 Portionen:
2 Paprikaschoten | 4 Eier | 80 g Schinken, zerkleinert |
80g Zwiebeln, gewürfelt | 1/2 TL Salz | 1 große
Prise Pfeffer| ¼ TL Paprikaflocken, rot | ¼ TL
Thymian, getrocknet und gerieben | 80 g Cheddar-
Käse, gerieben

Zubereitung:

1. **Als erstes den Backofen auf 180 Grad (Ober- und Unterhitze) vorheizen. Währenddessen die Paprikaschoten längst halbieren, die Kerne sowie weiße Membranen sorgfältig entfernen. Die Stiele aber bitte nicht abschneiden.**

2. **Einen großen Topf mit gerade so viel Wasser befüllen, dass die Paprika in etwa davon bedeckt ist, die Paprikahälften hineingeben und für etwa 5 Minuten kochen lassen. Nun mit einem Schaumlöffel herausnehmen und abkühlen lassen.**

3. **Die Eier in eine Schüssel schlagen und mit Schinken, Zwiebeln, Salz, den Gewürzen sowie der Hälfte des Cheddar-Käses verrühren.**

4. **Ein Backblech mit Backpapier auslegen und die Paprikahälften darauf verteilen. Anschließend die Füllung mittels Esslöffel gleichmäßig auf die Paprikahälften verteilen. Dann den restlichen Käse darüber streuen. Achtung: Bitte die Paprikahälften nicht übermäßig befüllen, weil die Masse beim Backen noch ein Stück aufgeht!**

5. **Die Paprikahälften im Backofen etwa 40 Minuten lang backen, bis die Füllung schließlich goldbraun und fest geworden ist.**

„Gemüse aus dem Backofen"(vegan)

Nährwerte pro Portion:
Fett: 17,5 g | Protein: 5 g | Kohlenhydrate: 11 g | Kalorien: 221
Zutaten für 4 Portionen:
80 g Blumenkohl, zerteilt in kleine Röschen | 80 g Brokkoli, zerteilt in kleine Röschen | 1 Kohlrabi in Stücke geschnitten | 2 Karotten, geschält und in Streifen geschnitten | 100 g grüne Bohnen | 12 Stangen Spargel, geschält und halbiert | 2 Paprikaschoten, halbiert, entkernt und entstielt | 8 mittelgroße Champignons | 1 kleine Zwiebel, geviertelt | 85 g Butter(Kokosbutter für veganer) | ½ TL Salz | ¼ TL gemahlener Pfeffer| 1 TL gemischte Kräuter (z.B. Kräuter der Provence)

Zubereitung:

1. Den Backofen zuerst auf 230 Grad (Ober- und Unterhitze) vorheizen. Blumenkohl, Brokkoli, Kohlrabi und Karotten im Dampfgarer etwa 6 Minuten lang dünsten. Dann herausnehmen, in eine große Schüssel geben und abkühlen lassen.

2. Bohnen, Spargel, Paprika, Champignons und Zwiebeln zugeben. Die Butter im Topf bei mittlerer Hitze schmelzen lassen, Salz und Pfeffer zufügen und anschließend unter das Gemüse rühren.

3. Die Gemüsemischung wird auf einem Backblech verteilt. Die Gemüsestücke sollten eng beieinander, jedoch nicht übereinander, liegen.

4. Jetzt wird das Gemüse 30 bis 40 Minuten lang gebacken bis es leicht braun wird. Nach etwa 15 min wenden.

5. Da die Kräuter bei hohen Temperaturen schnell verbrennen, sollten sie erst 10 Minuten vor Ende der Backzeit über das Gemüse gestreut (und eventuell untergehoben) werden.

6. Zum Schluss aus dem Backofen nehmen, servieren und natürlich genießen.

„Ratatouille"(vegan)

Nährwerte pro Portion:
Fett: 15 g | Protein: 3 g | Kohlenhydrate: 12 g | Kalorien: 195
Zutaten für 4 Portionen:
270 g frische Tomaten, klein geschnitten | 200 g Zucchini, klein geschnitten | 300 g Paprikaschoten geschnitten | 160 g Auberginen, geschält und in kleine Würfel geschnitten | 240 g Zwiebeln, gehackt | 60 ml Olivenöl | ½ TL frische Thymianblätter | Knoblauchzehen, gehackt | 1 EL frisches Basilikum, fein gehackt | 1 EL frische Petersilie, fein gehackt | ¼ TL Salz | 1 Prise Pfeffer

Zubereitung:

1. Zuerst das Olivenöl in einer großen Pfanne auf mittlerer Stufe erhitzen. Die Zwiebeln hinzugeben und unter gelegentlichem Wenden etwa 6 bis 8 Minuten braten.

2. Die Auberginen, den Knoblauch und den Thymian zugeben und bei häufigem Wenden etwa 5 Minuten köcheln lassen.

3. Paprika und Zucchini zufügen und weitere 5 Minuten lang köcheln lassen. Dabei immer wieder umrühren.

4. Zuletzt kommen die Tomaten, das Basilikum und die Petersilie noch hinzu. Während die Ratatouille weitere 5 Minuten fertigköchelt, wird sie mit Salz und Pfeffer abgeschmeckt. Schmecken lassen.

„Rosenkohl in brauner Butter" (vegan)

Nährwerte pro Portion:
Fett: 21 g | Protein: 7 g | Kohlenhydrate: 10,5 g |
Kalorien: 259
Zutaten für 4 Portionen:
700 g Rosenkohl| 55 g Butter (kokosbutter für Veganer) **| 50 g**
Pekannüsse, halbiert | Salz | Pfeffer | Zitronensaft

Zubereitung:

1. Die äußeren Blätter des Rosenkohls werden als erstes entfernt. Die Röschen werden anschließend längst halbiert.

2. Den Rosenkohl in eine große Pfanne geben und die Pfanne bis zu einer Höhe von einem Zentimeter mit Wasser befüllen. Anschließend die Pfanne auf den Herd stellen, bei mittlerer bis großer Hitze etwa 5 Minuten köcheln lassen. Anschließend mit einem Zahnstocher prüfen, ob der Rosenkohl schon schön zart ist (eventuell noch etwas weiterköcheln).

3. Die Pfanne vom Herd nehmen und das Wasser abgießen. Dann die Pfanne mit dem Rosenkohl beiseite stellen.

4. In einer weiteren großen Pfanne nun die Butter bei mittlerer Hitze schmelzen lassen. Nun die Pekannüsse zugeben und so lange rösten, bis die Butter schließlich braun wird und die Nüsse zu duften beginnen.

5. Jetzt den Rosenkohl hinzugeben. Unter häufigem Rühren bei etwas reduzierter Hitzezufuhr garen lassen.

6. Die Pfanne von der Kochstelle nehmen. Alles mit Salz, Pfeffer und Zitronensaft abschmecken.

„Überbackener Spargel" (vegan)

Nährwerte pro Portion:
Fett: 23 g | Protein: 4 g | Kohlenhydrate: 4 g | Kalorien: 239
Zutaten für 2 Portionen:
450 g dünner Spargel, geschält und eventuell halbiert | 55g (Kokosbutter für veganer) **Butter | 2 Schalotten, fein gewürfelt | 1 EL Zitronensaft | 1 TL Zitronenschale (frischer Abrieb oder aus dem Tütchen) | 1 EL frische Petersilie, gehackt | 1 TL frischer Rosmarin, gehackt | 1 TL frischer Thymian, gehackt | Salz**

Zubereitung:

1. Den Backofen zunächst auf 200 Grad (Ober- und Unterhitze) vorheizen. Dann den Spargel nebeneinander in eine Backform legen.

2. Die Butter dann in einem kleinen Topf bei mittlerer Hitze schmelzen lassen. Nun in eine kleine Schale umfüllen und mit Knoblauch, Zitronensaft und Zitronenschale vermengen. Anschließend die Schalotten und die frischen Gewürze zugeben. Mit Salz und Pfeffer abschmecken, aber vorsichtig.

3. Die Buttermischung über den Spargel geben. Dabei bitte darauf achten, dass alles gut bedeckt ist. Dann etwa 15 Minuten backen, bis der Spargel zart ist. Dessen Konsistenz kann mit einem scharfen, spitzen Messer überprüft werden. Guten Appetit!

„Gegrillter Kräuterfisch"

Nährwerte (pro Portion):
Fett: 7,5 g | Protein: 27 g | Kohlenhydrate: 0 g | Kalorien: 175,5
Zutaten für vier Portionen:
450 g Fischfilets | 55 g Butter, zimmerwarm | ½ TL Salz | ¼ TL Dill, getrocknet | 1 Prise Thymian | 1 Prise Zwiebelpulver

Zubereitung:

1. Beim Backofen zuerst die Grillfunktion auswählen beziehungsweise diesen auf 280 °C vorheizen.

2. Die Fischfilets (Hautseite sollte oben liegen) auf den Grillpfannen-Rost geben.

3. Aus Butter, Salz, Dill, Thymian und Zwiebelpulver eine gleichmäßige Mischung anrühren.

4. Die Hautseite des Fisches nun vorsichtig mit einem Teil der Mischung einpinseln.

5. Den Fisch für circa fünf Minuten grillen lassen. Dabei bitte darauf achten, dass die Filets nicht zu dicht an der Hitzequelle sind; ideal ist ein Abstand von fünf bis acht Zentimetern.

6. Nachdem die Haut leicht braun geworden ist, den Fisch behutsam umdrehen und die andere Seite genauso behandeln. Weitere fünf bis sechs Minuten später ist der Fisch gar, er lässt sich nun per Gabel leicht zerteilen und kann mit einer Keto-Gemüsebeilage serviert werden. Guten Appetit!

„Gegrillter Lachs"

Nährwerte (pro Portion):
Fett: 14 g | Protein: 22 g | Kohlenhydrate: 0 g | Kalorien: 214
Zutaten für 4 Portionen:
450 g Lachsfilets | 2 EL Butter | 1 TL Salz | 1 TL Paprikapulver | 1 TL Ingwer, gemahlen

Zubereitung:

1. Die Grillfunktion des Backofens aktivieren, diesen damit vorheizen. Alternativ den Backofen auf 280 °C stellen.

2. Während des Vorheizprozesses die Lachsfilets mit kaltem Wasser abspülen, anschließend trocken tupfen.

3. Die Hautseite nach unten drehen. Den Fisch auf ein Backblech setzen, wo er mit den Gewürzen bestreut wird.

4. Circa acht Minuten lang grillen lassen, bis der Fisch gegart, aber innen noch saftig ist.

5. Nach der Entnahme aus dem Backofen fünf Minuten ruhen lassen.

6. Zusammen mit einem Butterflöckchen und einer ketogenen Beilage zum Schluss servieren.

„Heilbutt mit Kokossoße"

Nährwerte (pro Portion):
Fett: 20,5 g | Protein: 23,5 g | Kohlenhydrate: 6,5 g |
   Kalorien: 304
Zutaten für 2 Portionen:
220 g Heilbutt, Filets | 2 mittelgroße Zucchini, in Scheiben
   geschnitten | ½ kleine Zwiebel, in dünne Ringe
   geschnitten | 2 EL Koriander, gehackt | 2 EL
   Kokosöl | 120 ml Kokosmilch | ½ TL Currypulver |
   ½ TL Salz

Zubereitung:

1. Das Kokosöl wird in einer Pfanne auf mittlerer Stufe erwärmt.

2. Darin die Zucchinischeiben und Zwiebelringe circa sechs
   Minuten lang sautieren.

3. Nun den Pfanneninhalt um den Fisch ergänzen und für
   weitere fünf Minuten braten. Währenddessen die Pfanne mit
   einem Deckel abdecken.

4. Sobald der Fisch weiß wird, Kokosmilch, Currypulver und Salz
   in die Pfanne geben. Dies drei bis vier Minuten weiter köcheln
   lassen.

5. Zum Schluss noch das Gemüse und den Fisch aus der Pfanne
   auf Teller geben und mit dem gehackten Koriander bestreuen.
   Schmecken lassen.

„Kreolenfisch"

Nährwerte (pro Portion):
Fett: 9 g | Protein: 27 g | Kohlenhydrate: 2 g | Kalorien:
   197
Zutaten für 2 Portionen:
450 g Fischfilets | 1 mittelgroße Tomate, gehackt | ½
   grüne Paprika, gehackt | 1 EL Zwiebeln, fein
   gehackt | ½ TL Basilikumblätter, getrocknet | 3 EL
   Zitronensaft | 2 EL Kokosöl | 1 TL Chilisoße | 1 TL
   Salz | ¼ TL schwarzer Pfeffer, grob gemahlen

Zubereitung:

1. Den Backofen zuerst vorheizen (200 °c).

2. Während der Vorwärmphase nun eine ungefettete
   Auflaufform mit den Fischfilets auslegen.

3. Tomaten, grüne Paprika, Öl, Zitronensaft, Chilisoße, Zwiebeln,
   Basilikum, Salz und schwarzen Pfeffer vermischen.

4. Die Mischung anschließend auf den Fisch geben. Diesen circa
   15 Minuten lang backen.

„Lachsküchlein"

Nährwerte (pro Portion):
Fett: 40 g | Protein: 22,5 g | Kohlenhydrate: 2 g |
    Kalorien: 458
Zutaten für 2 Portionen (insgesamt 12 Küchlein):
170 g Lachs, vorgegart | 40 g rote Zwiebeln, fein gehackt |
    2 Eier, leicht verquirlt | 1 EL Kokosmehl | ¼ TL
    Fischsoße | ¼ TL Selleriesamen | ¼ TL Dill | ¼ TL
    Petersilie, getrocknet | ¼ TL Zwiebelpulver | ¼ TL
    Salz | 1 Prise schwarzer Pfeffer

Zubereitung:

1. Als erstes die Eier mit dem Kokosmehl mischen, beides mithilfe eines Schneebesens gemeinsam aufschlagen.

2. Danach den Lachs, die Zwiebeln, die Fischsoße und sämtliche Kräuter und Gewürze unterheben, sodass ein Teig entsteht.

3. In der Zwischenzeit wird das Öl in einer Pfanne auf mittlerer Stufe erhitzt.

4. Anschließend den Teig löffelweise in die Pfanne füllen und zwölf etwa gleich große Frikadellen formen.

5. Die Pfanne abdecken und die Frikadellen von der ersten Seite je nach gewünschtem Bräunungsgrad vier bis fünf Minuten garen lassen.

6. Vorsichtig wenden und dann weitergaren lassen.

7. Nach dem Ende der Garzeit vorsichtig auf einem Teller anrichten und zusammen mit Avocado- und / oder Tomatenscheiben auf den Tisch bringen. Guten Appetit!

„Lachswrap"

Nährwerte (pro Portion):
Fett: 32 g | Protein: 24,5 g | Kohlenhydrate: 0,5 g |
Kalorien: 388
Zutaten für 2 Portionen:
170 g Lachs | 60 g Mayonnaise, selbstgemacht | 28 g
Cheddar, gerieben | 10 Scheiben Frühstücksspeck,
knusprig ausgebraten | 2 große Salatblätter | 2 EL
Dillgurken, gehackt | Pfeffer | Salz

Zubereitung:

1. Alle Zutaten (bis auf den Salat und den Frühstücksspeck) als erstes in einer Schüssel verrühren.

2. Die Füllung gleichmäßig auf die Salatblätter verteilen und diese wie Wraps aufrollen.

3. Kühl stellen oder direkt verzehren. Den knusprig ausgebratenen Frühstücksspeck aber erst direkt vor dem Verzehr zerbröseln und über den Wrap streuen. Schmecken lassen.

„Muschelsuppe "

Nährwerte (pro Portion):
Fett: 69 g | Protein: 28 g | Kohlenhydrate: 5 g | Kalorien: 753
Zutaten für vier Portionen:
590 ml Kokosmilch oder Schlagsahne | 475 ml Hühnerbrühe, selbstgemacht | 550 g Venusmuscheln im eigenen Saft (aus der Dose) | 170 g Daikon-Rettich, gerieben | 1 mittelgroßer Stangensellerie, gehackt | ½ mittelgroße Zwiebel, gehackt | 55 g Butter | 4 TL Fischsoße | ½ TL Basilikum, getrocknet | ½ TL Salz | ¼ TL schwarzer Pfeffer, frisch gemahlen | ggf. etwas Frühstücksspeck, knusprig ausgebraten und fein zerkrümelt

Zubereitung:

1. Die Butter in einem großen Topf bei mittlerer Hitze schmelzen lassen. Sellerie, Zwiebeln und Rettich darin für circa 10 Minuten sautieren.

2. Die Muscheln abgießen, dabei den Saft auffangen und aufbewahren.

3. Danach die Hühnerbrühe, die Fischsoße, das Basilikum, Salz und Pfeffer zusammen mit dem Muschelsaft in den Topf gießen und circa fünf Minuten lang leicht köcheln lassen.

4. Jetzt die Kokosmilch beziehungsweise Schlagsahne und die Venusmuscheln hinzufügen. Solange köcheln lassen, bis diese ausreichend erhitzt sind.

5. Die Suppe auf Teller oder in Suppentassen füllen und noch mit dem fein zerkrümelten Speck bestreuen.

„Pochierter Lachs an Dillsahne"

Nährwerte (pro Portion):
Fett: 9 g | Protein: 28,5 g | Kohlenhydrate: 2,5 g |
Kalorien: 205
Zutaten für zwei Portionen:
300 ml Brühe | 300 g Alaska-Seelachs | 40 ml Sahne | ein
TL Butter | 2 Schalotten, fein gewürfelt | 4
Lorbeerblätter | 4 Thymian-Zweige | 2 TL Dill,
gehackt | 1 TL Senfkörner | Saft einer Zitrone |
Salz | Pfeffer

Zubereitung:

1. Die Brühe mit den Lorbeerblättern, den Thymian-Zweigen, den Senfkörnern sowie Salz und Pfeffer im ersten Schritt zum Kochen bringen.

2. Währenddessen den Alaska-Seelachs in vier Stücke teilen und die Brühe solange abkühlen lassen, bis sie schließlich 70 °C erreicht hat.

3. Darin nun die Fischstücke circa 12 Minuten lang pochieren.

4. Während der Fisch pochiert wird, die Schalotten-Würfel in der Butter etwas anschwitzen. Sobald sie fertig sind, mit Zitronensaft ablöschen und mit Dill und einer Kelle Pochier-Wasser anreichern.

5. Gut und vorsichtig umrühren. Anschließend die Sahne zugießen. Das Abschmecken mit Salz und Pfeffer nicht vergessen und die fertige Soße kurz einreduzieren.

6. Den fertigen Fisch auf den Tellern auffüllen und zusammen mit der Soße und einer ketogenen Gemüsebeilage servieren. Guten Appetit!

„Sesamzander"

Nährwerte (pro Portion):
Fett: 26,5 g | Protein: 38,5 g | Kohlenhydrate: 4 g | Kalorien: 422
Zutaten für 2 Portionen:
300 g Zanderfilet, gehäutet | 30 g Sesam, weiß | 30 g Sesam, schwarz | 2 Knoblauchzehen, so klein wie möglich gewürfelt | 2 EL Sesamöl | Pfeffer | Salz | einige Spritzer Zitronensaft | Sesamöl

Zubereitung:

1. **Zuerst das Fischfilet mit Salz und Pfeffer bestreuen. Außerdem mit den Knoblauchwürfeln einreiben, danach den Fisch mit einigen Spritzern Zitronensaft beträufeln.**

2. **Die beiden Sesamsorten mischen und dann den Fisch in ihnen wälzen.**

3. **Den Sesam vorsichtig am Fisch festdrücken, sodass dieser möglichst gleichmäßig mit Sesam bedeckt ist.**

4. **In der Zwischenzeit das Sesamöl in einer Pfanne erhitzen und den Fisch pro Seite eineinhalb Minuten lang braten lassen.**

5. **Zum Schluss zusammen mit einer Gemüsebeilage reichen.**

„Shrimps-Wraps mit Jakobsmuscheln"

Nährwerte (pro Portion):
Fett: 22 g | Protein: 34 g | Kohlenhydrate: 11 g | Kalorien: 378
Zutaten für vier Portionen:
340 g Shrimps, roh, geschält und geputzt (Darm entfernt) | 225 g
Jakobsmuscheln, quer halbiert | 225 g Babykarotten, längs
geviertelt | 55 g Mandeln, gehackt | 3 Stangen
Stangensellerie, 2 davon in dünne Scheiben geschnitten und
eine geviertelt | 1 Avocado, halbiert, ohne Schale und ohne
Kern | 3 Knoblauchzehen, 2 davon zerdrückt und eine
gehackt | 4 große Salatblätter | 3 TL Kapern | 1 EL
Kapernsaft aus dem Glas | 1 EL Mayonnaise, selbstgemacht
| Saft von einer Zitrone | ½ TL Salz | ¼ TL Pfeffer, schwarz

Zubereitung:

1. Zunächst den geviertelten Sellerie, den zerdrückten
   Knoblauch und die halbe Menge des Zitronensafts in etwa 2,5
   Litern Wasser abgedeckt aufkochen lassen.

2. Im zweiten Schritt die Möhren dazugeben, das Ganze etwa
   zwei Minuten lang weiter garen lassen.

3. Nun das Ganze um die Shrimps erweitern und weitere vier
   Minuten kochen lassen. Danach die Möhren und Shrimps aus
   dem Topf entnehmen und in einem Küchensieb mit kaltem
   Wasser abspülen.

4. Diesen Schritt wiederholen – nur, dass statt Möhren und
   Shrimps die Jakobsmuscheln für zwei Minuten gegart
   werden.

5. Etwa 80 ml der entstandenen Brühe abschöpfen und
   abkühlen lassen. Die restliche Brühe einfrieren, um sie als
   Grundlage für weitere Suppen nutzen zu können.

6. Die vorher abgeschöpfte Brühe zusammen mit dem Rest des
   Zitronensaftes, dem Kapernsaft, dem gehackten Knoblauch,
   einer Avocado-hälfte, Mayonnaise, Salz und Pfeffer in einem
   Mixer zu einem gleichmäßigen Püree verarbeiten.

7. Jetzt die gehackten Mandeln in Backofen (180 °C) oder Pfanne goldbraun rösten. Achtung: Das dauert zwar einen Moment, allerdings verbrennen sie auch leicht an. Also regelmäßig wenden!

8. Die andere Hälfte der Avocado in kleine Würfel schneiden. Diese dann gemeinsam mit den Shrimps, den Jakobsmuscheln, den Möhren, dem geschnittenen Sellerie, den Kapern sowie den gerösteten Mandeln in einer Schüssel vermischen.

9. Nun die fertige Mischung mit dem Püree übergießen, alles noch einmal gründlich vermischen.

10. Im letzten Schritt die Salatblätter auf Teller geben, die Mischung zu gleichen Teilen darauf löffeln und die Salatblätter zu Wraps aufrollen.   Schmecken lassen.

„Würzige Riesengarnelen"

Nährwerte (pro Portion):
Fett: 10,5 g | Protein: 32 g | Kohlenhydrate: 3,5 g |
Kalorien: 236
Zutaten für 4 Portionen:
680 g Riesengarnelen, roh und ohne Schale | 8 Schalotten,
fein gehackt | 5 Knoblauchzehen, geschält und
zerdrückt | 1 Stück frischer Ingwer, etwa fünf
Zentimeter groß und in streichholzgroße Stücke
geschnitten | 40 ml Kokosöl | 30 ml Tomatensoße
| 30 ml Sojasoße | 1 TL Jalapeños, fein gehackt | 1
TL Kreuzkümmel | ½ TL Salz | ½ TL Pfeffer,
schwarz

Zubereitung:

1. Das Kokosöl zunächst in einer Pfanne auf mittlerer Stufe
   erhitzen. Die Jalapeño-Stückchen, den Knoblauch, den
   Kreuzkümmel, das Salz und den Pfeffer hinzufügen.

2. Alles circa zwei Minuten garen, bevor die Tomaten- und
   Sojasoße, der Ingwer und gut drei Viertel der Schalotten dazu
   gegeben werden. Den Garprozess dann zwei Minuten lang
   fortsetzen.

3. Nun die Garnelen einfüllen, gelegentlich umrühren und in drei
   bis vier Minuten rosa werden lassen.

4. Die Garnelen aus der Pfanne holen, mit den noch
   verbliebenen Schalotten-Würfelchen bestreuen und zum
   Schluss zu einer Keto-Beilage reichen. Guten Appetit!

„Lasagne"

Nährwerte (pro Portion):

Fett: 18 g | Protein: 28 g | Kohlenhydrate: 7,5 g | Kalorien: 304

Zutaten für vier Portionen:

425 g Zucchini, in dünne Scheiben geschnitten | 225 g Rinderhackfleisch | 110 g Tomatenmark | 110 g Cheddar, pikant, gerieben | 75 g Ricotta | ½ mittelgroße Zwiebel, fein gehackt | 2 Knoblauchzehen, gehackt | 1 EL Kokosöl | 1 TL Basilikum, getrocknet | 1 TL Oregano, getrocknet | ½ TL Salz | ¼ TL Pfeffer, schwarz

Zubereitung:

1. Zunächst das Kokosöl in einer Pfanne schmelzen lassen, das Rinderhack zusammen mit den Zwiebeln braun anbraten.

2. Tomatenmark, Knoblauch, Basilikum und Oregano dazugegeben, anschließend salzen und pfeffern. Drei bis vier Minuten lang kochen.

3. In der Zwischenzeit den Backofen auf 180 °C vorwärmen. Gleichzeitig eine Hälfte der Zucchini in eine Auflaufform (idealerweise etwa 28 x 18 cm) schichten.

4. Die Zucchinischeiben mit der Hackfleischmasse bedecken und dann gleichmäßig mit dem Ricotta toppen.

5. Die restlichen Zucchini auf das Hackfleisch legen und mit dem geriebenen Cheddar bestreuen.

6. Etwa 50 Minuten lang backen, in Teile stechen und heiß servieren.

„Mariniertes Flank-Steak mit Spinat"

Nährwerte (pro Portion):

Fett: 25 g | Protein: 38 g | Kohlenhydrate: 4 g | Kalorien: 393

Zutaten für vier Portionen:

900 g junger Spinat, frisch | 450 g Flank-Steak | 55 g Butter | 30 ml Olivenöl, extra vergine | Jeweils 5 ml Weinessig| 2 Knoblauchzehen, fein gehackt | 1 TL Salz | ½ TL Pfeffer, schwarz | Zitronensaft | Pecorino-Romano, gerieben | 1 Prise Paprikaflocken, rot

Zubereitung:

1. Als erstes eine gehackte Knoblauchzehe zusammen mit dem Olivenöl, dem Essig, Salz, Pfeffer und den Paprikaflocken in eine Schüssel geben und gründlich vermischen.

2. Im Anschluss die Steaks mit der Marinade einpinseln, in eine Schüssel geben und abgedeckt über Nacht im Kühlschrank marinieren lassen.

3. . Die Steaks leicht abtupfen, in eine Pfanne geben und für den „medium-rare" – Gar Punkt circa fünf Minuten pro Seite garen lassen. Falls es mehr durch sein soll, länger braten.

4. Den restlichen Knoblauch für eine Minute anbraten. Den Spinat ebenfalls dazugeben, in weiteren drei bis vier Minuten zusammenfallen lassen. Außerdem mit Salz, Pfeffer und Zitronensaft abschmecken.

5. Die Steaks nun in dünne Streifen schneiden. Diese gleichmäßig aufteilen, den Spinat darauf geben und alles mit einigen Flocken Pecorino-Romano dekorieren. Schmecken lassen.

„New England Roast - Schmorbraten"

Nährwerte (pro Portion):
Fett: 59,5 g | Protein: 52 g | Kohlenhydrate: 13 g | Kalorien: 795
Zutaten für vier Portionen:
680 g Rinderbraten, am besten Nacken | 450 g Champignons | 350 ml Wasser | 55 g Butter, weich | 50 g Tomatenmark (alternativ 1 große Tomate, gehackt) | 4 mittelgroße Stangen Stangensellerie, in 2,5-Zentimeter-Stücke geschnitten | 2 mittelgroße Möhren, in 2,5-Zentimeter-Stücke geschnitten | 2 mittelgroße rote Paprika, grob gehackt | 1 große Zwiebel, geviertelt | 2 Knoblauchzehen | 1 Lorbeerblatt | 2 TL Basilikum, getrocknet | 2 TL Majoran, getrocknet | 2 TL Salz | 1 TL schwarzer Pfeffer, frisch gemahlen

Zubereitung:

1. Im ersten Schritt wird das Öl in einen Feuertopf (Dutch Oven) gegeben und auf mittlerer Temperatur erwärmt. Dann den Schmorbraten dazugeben und rundherum anbraten.

2. Nun den Topfinhalt um Wasser, Tomatenmark, Sellerie, Möhren, Zwiebeln, Knoblauch, das Lorbeerblatt, Basilikum, Majoran. Salz und Pfeffer ergänzen.

3. Den Topf mit einem Deckel verschließen und alles bei reduzierter Hitze zwei Stunden vor sich hin köcheln lassen. Bei Bedarf noch etwas Wasser nachgießen. Vorsichtig dosieren, damit später die Soße nicht zu flüssig wird.

4. Nach Ablauf der zwei Stunden werden die Champignons in den Topf gegeben. Diese darin weitere circa 20 Minuten weich werden lassen.

5. Ist dies der Fall, Fleisch, Pilze und das Lorbeerblatt aus dem Topf nehmen. Die Pilze und das Fleisch beiseite stellen, das Lorbeerblatt wegwerfen.

6. Den restlichen Topfinhalt (Gemüse und Brühe) in einen Mixbecher oder eine Schüssel geben, dann mithilfe eines Mixers beziehungsweise Pürierstabs zu einer glatten Sauce verarbeiten. Bei Bedarf noch einmal nachsalzen und – pfeffern.

„Putensteaks mit Blauschimmelkäse"

Nährwerte (pro Portion):
Fett: 7 g | Protein: 37 g | Kohlenhydrate: 2,5 g | Kalorien:
216
Zutaten für zwei Portionen:
300 g Putensteaks | 2 TL Blauschimmelkäse
(beispielsweise Gorgonzola) | 2 TL Frischkäse | 1
TL Petersilie, gehackt | 2 Messerspitzen Senf,
scharf | Salz | Pfeffer

Zubereitung:

1. Die Putensteaks als erstes von beiden Seiten sowohl salzen als auch pfeffern.

2. Nun in einer beschichteten Pfanne ohne Fett pro Seite eineinhalb Minuten scharf anbraten.

3. Den Backofen auf 180° C Ober- und Unterhitze vorwärmen, derweil die Putensteaks auf ein Grillrost legen.

4. Anschließend aus dem Blauschimmel- und Frischkäse, dem Senf und der Petersilie eine glatte Masse rühren.

5. Die Putensteaks werden mit der Mischung bestrichen und acht Minuten lang backen gelassen.

6. Zusammen mit einer ketogenen Gemüsebeilage heiß auf den Tisch bringen und genießen.

„Rehmedaillons mit Pilzen"

Nährwerte (pro Portion):
Fett: 17 g | Protein: 29 g | Kohlenhydrate: 3 g | Kalorien: 278
Zutaten für zwei Portionen:
300 g Rehrücken | 100 ml Brühe (noch besser Fond) | 40g Pfifferlinge,
in Stücke geschnitten | 40 g Steinpilze, in Stücke geschnitten
| 2 Knoblauchzehen, ungeschält | 2 Thymian-Zweige | 2
Schalotten, fein gehackt | 2 EL Speck, fein gewürfelt | 2 EL
Butter | 2 EL saure Sahne | 2 EL Petersilie, gehackt | 2 EL
Apfelessig | Pfeffer | Salz

Zubereitung:

1. Zunächst den Rehrücken dritteln, sodass gleich große
    Medaillons entstehen. Anschließend sowohl die Ober- als
    auch die Unterseite salzen und pfeffern.

2. Thymian-Zweige und Knoblauch in Pfanne geben und
    Medaillons von allen Seiten drei Minuten lang anbraten
    lassen.

3. Den Backofen vorheizen (100 °C, Ober- und Unterhitze).

4. Das inzwischen auf einen Grillrost umgebettete Fleisch mit
    dem angebratenen Knoblauch und den Thymian-Zweigen
    bedecken und in 10 Minuten rosa garen.

5. Währenddessen die Schalotten- und Speckwürfel in der
    gerade benutzten Pfanne goldbraun rösten.

6. Direkt danach die Pilzstückchen in die Pfanne geben, alles für
    weitere zwei Minuten braten lassen und am Ende mit
    Apfelessig ablöschen.

7. Den Pfanneninhalt mit Brühe oder Fond aufgießen, noch
    einmal drei Minuten zum einreduzieren leicht köcheln lassen.
    Die saure Sahne dazugeben, salzen und noch pfeffern.

8. Das Fleisch auf vorgewärmte Teller geben, dekorativ mit der
    Soße garnieren und genießen. Guten Appetit!

„Rindergulasch mit Blumenkohl"

Nährwerte (pro Portion):
Fett: 21,5 g | Protein: 25,5 g | Kohlenhydrate: 10,5 g |
Kalorien: 337
Zutaten für vier Portionen:
950 ml Wasser (alternativ Rinderbrühe) | 400 g
Blumenkohl, in feine Röschen gezupft | 350 g
Kurzrippensteak, ohne Knochen | 1 grüne
Paprikaschote, klein gewürfelt | 2 mittelgroße
Möhren, klein gewürfelt | 2 mittelgroße Zwiebel,
fein gehackt | 2 Knoblauchzehen, fein gehackt | 2
El Kokosöl | 2 EL Paprikapulver | ½ TL
Kümmelkörner | Pfeffer, schwarz | Salz

Zubereitung:

1. Als erstes eine große Pfanne oder einen ebensolchen Topf
    aufsetzen, das Kokosöl bei mittlerer Hitze erwärmen. Dann
    das Fleisch in das Bratgefäß legen und rundherum
    gleichmäßig anbräunen. Dann wieder herausholen und
    zwischenlagern.

2. In demselben Topf bzw. derselben Pfanne Möhren, Zwiebeln
    und Knoblauch in etwa fünf Minuten anrösten, die Zwiebeln
    sollten dann leicht weich werden.

3. Das Fleisch zusammen mit dem Blumenkohl, der Paprika, der
    Brühe und den Kümmelkörnern wieder einfüllen. Leicht
    köcheln lassen, abdecken und anschließend eine weitere
    Stunde bei leichter Hitze garen lassen.

4. Zum Schluss noch salzen, pfeffern und gut durchmischt
    servieren.

„Rindfleisch-Süßkartoffel-Haschee"

Nährwerte (pro Portion):
Fett: 19,5 g | Protein: 40 g | Kohlenhydrate: 15 g |
      Kalorien: 396
Zutaten für zwei Portionen:
170 g Rinderhack | 115 g grüne Bohnen, in 2,5-
      Zentimeter-Stücke geschnitten | 115 g Paprika,
      fein geschnitten | 85 g Süßkartoffeln, in 1
      Zentimeter große Würfel geschnitten | 85 g
      Zwiebeln, grob gehackt | 55 g Champignons,
      gehackt | 2 EL Speiseöl | Pfeffer, schwarz | Salz |
      Sojasoße (je nach Bedarf)

Zubereitung:

1. Als Erstes das Öl in einer Pfanne auf mittlerer Stufe erwärmen. Danach die Süßkartoffelwürfel, die Bohnen, die Paprika und die Zwiebeln in gut zwölf Minuten bissfest garen lassen.

2. Hackfleisch, Champignons, Pfeffer und Salz dazugeben, gut vermischen und alles unbedeckt weitere vier bis fünf Minuten lang weiterbraten.

3. Nun auf vorgewärmte Teller geben, bei Bedarf mit Sojasoße abrunden und heiß auf den Tisch bringen.

„Steaks mit Provolone-Soße"

Nährwerte (pro Portion, inklusive Soße):
Fett: 45 g | Protein: 67 g | Kohlenhydrate: 9,5 g | Kalorien: 711
<u>Zutaten für zwei Portionen:</u>
350 g Beefsteak | 225 g Champignons, in dünne Scheiben geschnitten | 1 große Zwiebel, fein geschnitten | 1 E EL Butter | 1 EL Kokosöl | 1 TL Salz
<u>für die Soße:</u>
225 g Provolone, Käse, gerieben | 120 ml Schlagsahne | 20 g Parmesan, gerieben | 2 EL Butter | ½ TL Salz | ¼ TL Pfeffer, frisch gemahlen

<u>Zubereitung:</u>
Die Butter schmelzen und die Sahne unterrühren. Hitze reduzieren. Salz, Pfeffer und Käse dazugeben. Alles unter regelmäßigem Rühren vier bis fünf Minuten lang köcheln und eindicken lassen.

<u>für die Steak-Gewürzmischung alle Zutaten vermischen:</u>
½ EL Paprikapulver | ½ TL Chilipulver | ¼ TL Koriander, gemahlen | ¼ TL Kreuzkümmel, gemahlen | ¼ TL Oregano, getrocknet | ¼ Senfmehl | ¼ TL Pfeffer | ¼ TL Salz

Zubereitung:

1. Zunächst die Soße wie oben beschrieben herstellen. Allerdings kurz bevor die Steaks und das Gemüse fertig sind, noch einmal erwärmen.

2. Dann das Gemüse zubereiten. Dafür die Butter in eine große Pfanne geben, langsam schmelzen lassen und die Zwiebeln zehn bis zwölf Minuten lang sautieren.

3. Anschließend die Champignons in die Pfanne geben und fünf Minuten lang braten. Nun salzen und auf einen vorgewärmten Teller umbetten.

4. Idealerweise gleichzeitig die Steaks braten. Dazu das Kokosöl in einer anderen Pfanne erwärmen, die Steaks in der Gewürzmischung wenden.

5. Danach die Steaks pro Seite etwa fünf Minuten lang bis zum gewünschten Bräunungs- und Gargrad braten, genießen.

„Omelette mit Muscheln"

Nährwerte (pro Portion):
Fett: 20 g | Protein: 21,5 g | Kohlenhydrate: 4,5 g |
        Kalorien: 295
Zutaten für zwei Portionen :
4 Eier, getrennt, nur das Eiweiß | 120 g Mischmuscheln,
        ohne Schale | 20 g Sojasprossen | 4 EL saure
        Sahne | 2 EL Butter | 2 TL Kerbel, gehackt | Pfeffer
        | Salz

Zubereitung:

1. Eine Pfanne aufsetzen, erhitzen und die Butter darin
    schmelzen.

2. Nun die Muscheln circa zwei Minuten lang in der heißen
    Butter braten lassen.

3. Derweil die Eier und die saure Sahne verquirlen. Die Mischung
    salzen und pfeffern.

4. Den Kerbel dazugeben und die Muscheln mit der Eier-Sahne-
    Mischung bedecken.

5. Einen Deckel auf die Pfanne geben und das Omelette etwa 3
    Minuten stocken lassen. Bitte darauf achten, dass die Hitze
    niedrig genug ist.

6. Am Ende der Garzeit dann den Deckel abheben, die
    Sojasprossen auf das Omelette geben, eine Minute ziehen
    lassen und zeitnah servieren. Guten Appetit!

„Gefüllte Jalapeños" (vegetarisch)

Nährwerte pro Jalapeño :
Fett: 7,5 g | Protein: 5 g | Kohlenhydrate: 0,5 g | Kalorien:
89
Zutaten pro Portion:
3 Jalapeños | 50 g Frischkäse, zimmerwarm | 60 g
Cheddar, gerieben | 6 Streifen Schinkenspeck,
halbiert

Zubereitung:

1. Zuerst den Backofen auf 220 Grad (Ober- und Unterhitze) vorheizen. Währenddessen die Jalapeños halbieren, die Kerne und Membranen entfernen.

2. Frischkäse und Cheddar so miteinander verrühren, dass eine gleichmäßige Paste entsteht.

3. Die Käsemischung in die halbierten Jalapeños geben. Danach einen halben Streifen Schinkenspeck auflegen.

4. Die Jalapeños auf einem tiefen Backblech beziehungsweise einer Fettwanne verteilen. Nun kommt das Blech in den heißen Ofen.

5. Fertig sind die Jalapeños nach etwa 20 Minuten. Erkennbar ist dies daran, dass der Schinkenspeck schön knusprig geworden ist.

6. Am besten schmecken die Jalapeños, wenn sie möglichst sofort serviert und rasch gegessen werden. Guten Appetit!

„Staudensellerie mit Krabbenfüllung"

Nährwerte pro Stück:
Fett: 11 g | Protein: 3 g | Kohlenhydrate: 2,5 g | Kalorien: 121
Zutaten pro Portion (4 Stangen):
4 Stangen Staudensellerie | 110 g Frischkäse, zimmerwarm | 30g Krabben oder Krabbenfleisch | ½ EL Mayonnaise | ¼ TL Zitronensaft | 1 Frühlingszwiebel, fein gehackt | ¼ Knoblauchzehe | 1/8 TL Salz

Zubereitung:

1. Den Stangensellerie zuerst waschen, bei Bedarf putzen und in circa 3 gleichmäßige Stücke teilen.

2. Die Zutaten für die Füllung im Häcksler einer elektrischen Küchenmaschine zerkleinern und miteinander vermischen. Die Krabben können entweder mit den übrigen Zutaten püriert oder unzerkleinert untergemischt werden.

3. Nun die Selleriestangen so drehen, dass die Seite mit der Mulde oben liegt. Diese Seite wird dann noch mit der Füllungsmasse bestrichen.
   Servieren und genießen!

„Insalata Caprese" (vegetarisch)

Nährwerte:
Fett: 11,9 g | Protein: 14,1 g | Kohlenhydrate: 3,5 g |
Kalorien: 177,5
Zutaten pro Portion:
½ Kugel Mozzarella | 1 Tomate, klein | 1 EL Balsamico-
Essig | 1 EL Olivenöl extra vergine | 6 Blatt
Basilikum | ½ Zwiebel, rot | 1 Prise Meersalz |
Bunter Pfeffer, frisch gemahlen

Zubereitung:

1. Den Mozzarella in kleine, mundgerechte Stücke zupfen. Dann die Tomate würfeln, mit Essig und Öl marinieren.

2. Die Basilikumblätter werden grob gehackt und die Zwiebel in feine Ringe geschnitten.

3. Alles vorsichtig miteinander vermischen. Anschließend mit Salz und Pfeffer abschmecken.

„Ofenkäse Camembert"

Nährwerte:
Fett: 27,8 g | Protein: 25,8 g | Kohlenhydrate: 2,3 g | Kalorien: 361,7
Zutaten pro Portion:
125 g Camembert | ½ Paprika, grün | 1 EL Schnittlauch, zerkleinert

Zubereitung:

1. Den Backofen auf ca. 180 Grad (Umluft) vorheizen.

2. Währenddessen den Camembert auf ein mit Backpapier ausgelegtes Backblech legen, an der Oberseite kreuzweise einschneiden.

3. Den Käse im vorgeheizten Ofen ungefähr 8 Minuten lang backen bzw. schmelzen.

4. In der Zwischenzeit wird die Paprika in Streifen geschnitten und der Schnittlauch zerkleinert.

5. Camembert aus dem Ofen nehmen, dann mit dem Schnittlauch bestreuen. Anschließend mit den Paprikastreifen dippen. Guten Appetit!

„Mini-Paprikaschoten mit Guacamole "

Nährwerte pro Stück:
Fett: 22 g | Protein: 5,5 g | Kohlenhydrate: 2 g | Kalorien: 230
Zutaten pro Portion:
1 TL Schinkenspeck, gewürfelt | 1 EL Guacamole | 1 Mini Paprikaschote, mild oder mittelscharf

Zubereitung:

1. Den Speck als erstes knusprig braten lassen.

2. Den gebratenen Speck aus der Pfanne nehmen, abkühlen lassen und mit der Guacamole vermengen.

3. Die Paprikaschoten öffnen beziehungsweise halbieren (je nach Größe), entkernen und die Häute entfernen.

4. Die Mischung aus Speck und Guacamole nun in die Paprikaschoten streichen.

   Achtung: Wenn der Speck knusprig genossen werden soll, bietet sich ein möglichst sofortiger Verzehr an.

5. Schmecken lassen.

„Mandelbrötchen" (vegetarisch)

Nährwerte:
Fett: 16 g | Protein: 10 g | Kohlenhydrate: 3 g | Kalorien: 212
Zutaten für 10 Portionen:
600g Mandelmehl | 12El Flohsamenschalenpulver (gemahlen) | 300ml Mandelmehl |1 TL Meersalz | 3TL Backpulver| 300ml Wasser |3TL Apfelessig | 4 Eiweiß |

Zubereitung:

1. Den Backofen auf 180° vorheizen.

2. Alle trockenen Zutaten in eine Schüssel geben und gründlich vermengen. Das Wasser zum Kochen bringen!

3. Den Apfelessig und das Eiweiß in die Schüssel geben und gut vermengen.
    Anschließend das heiße Wasser unterrühren. (am besten geligt dies mit einem Handmixer)

4. Die Hände mit Olivenöl beträufeln und aus dem Teig 10 Kugeln formen.

5. Die Kugeln auf ein Backblech mit Backpapier platzieren.

6. Die Brötchen nun etwa 60 Minuten auf den unteren Rost im Ofen legen. (während dessen kontrollieren, wenn knusprig braun heraus nehmen.)

7. Nun sind die Brötchen für den Einsatz bereit, ideal für den ketogenen Burger oder auch einfach für das Frühstück am Morgen.

„ketogene Pommes" (vegan)

Nährwerte:
Fett: 17,5 g | Protein: 2,5 g | Kohlenhydrate 6g | Kalorien:
184
Zutaten für 3 Portionen:
| 1 ½ Kohlrabi| 4EL Koksöl | 1TL Currypulver | 1TL
Paprikapulver| Salz||Pfeffer|
Zubereitung:

1. Den Backofen auf 260° vorheizen.

2. Kohlrabi schälen und in gewünschte in gewünschte Pommes Form schneiden.

3. Das Kokosöl (alternativ können Sie auch Olivenöl verwenden) in einem kleinen Topf schmelzen und mit Paprikapulver, Curry, Salz und Pfeffer in einer Schüssel kräftig verrühren.

4. Die Paprikapommes dazu geben und vermischen bis die Pommes gleichmäßig mit der Soße bedeckt sind.

5. Die Pommes auf einendem Bachblech gleichmäßig verteilen.

6. Ca 20-25 Minuten bei Umluft backen.(bis knusprig braun)

   Wichtig! Nach 10 Minuten die Pommes wenden, damit werden diese gleichmäßig Goldbraun!

7. Die Pommes aus dem Ofen nehmen und auf einen Teller geben.

TIPP: Wählen Sie einen unserer Dips und Soßen aus dem Inhaltverzeichnis aus und genießen Sie die ketogenen Kohlrabi Pommes in vollen Zügen!

„Cocktailsoße" (vegan)

Nährwerte (pro Portion, 15 g):
Fett: 10,5 g | Protein: 0 g | Kohlenhydrate: 0 g | Kalorien: 94
Zutaten für etwa 280 g (19 EL):
220 g Tomatensoße, ohne zusätzlichen Zucker | 4 TL Zitronensaft, frisch
gepresst | 2 TL Chilisoße | 2 TL Meerrettich, aus dem Glas | ¼ TL
Salz

Zubereitung:

1. Es werden alle Zutaten in eine Schüssel gegeben und kräftig durchgerührt.

Tipp: Die Soße kann direkt verwendet werden oder in einem luftdichten Behälter für bis zu zwei Wochen im Kühlschrank gelagert werden.

„Knoblauch-Kräuter-Dressing" (vegetarisch)

Nährwerte (pro Portion, 15 g):
Fett: 7 g | Protein: 0 g | Kohlenhydrate: 0 g | Kalorien: 62
Zutaten für etwa 85 g (6 EL):
120 ml Olivenöl | 60 ml Rot- oder Weißweinessig | 2 Knoblauchzehen,
geschält und zerdrückt | 1 TL Senfpulver | 2 TL Estragon | 1 TL
Majoran | ½ TL Salz | ¼ TL Pfeffer, schwarz

Zubereitung:

1. Ein 0,5 l Schraub- oder Einweckglas bereitstellen, dieses mit allen Zutaten befüllen.

2. Den Deckel schließen und das Glas so lange schütteln, bis sich alle Zutaten gut miteinander verbunden haben.

3. Eine Stunde bei Zimmertemperatur ziehen lassen und kurz vor dem Verzehr noch einmal gut schütteln. Schmecken lassen.

„Koriander-Limon-Guacamole-Dip" (vegan)

Nährwerte (pro Portion, 15 g):
Fett: 13 g | Protein: 1,5 g | Kohlenhydrate: 1,5 g |
Kalorien: 129
Zutaten für etwa 230 g (etwa 16 EL):
2 Avocados | 45 g Tomaten, in feine Würfel gehackt |
eine Frühlingszwiebel, gehackt | 4 EL Koriander,
gehackt | 2 EL Limonensaft, frisch gepresst | 2 TL
Knoblauch, fein gehackt | 2 TL Jalapeño, fein
gehackt | ½ TL Koriander, gemahlen | ¼ TL
Kreuzkümmel, gemahlen | Salz

Zubereitung:

1. Zuerst die Avocados in Längsrichtung halbieren und dann den Kern entnehmen.

2. Danach das Fruchtfleisch heraus löffeln. Dieses in eine Rührschüssel geben und mit dem Limonensaft beträufeln.

3. Salz, Kreuzkümmel und gemahlenen Koriander dazugeben und die Mischung mithilfe einer Gabel zu einer homogenen Masse zerdrücken.

4. Die Frühlingszwiebeln, Tomaten, Jalapeños, Knoblauch und den gehackten Koriander ergänzen. Außerdem gut durchrühren und bei Bedarf noch einmal mit Salz nachwürzen.

„Mandeldressing im Asia-Style"(vegan)

Nährwerte (pro Portion, 15 g):
Fett: 9,5 g | Protein: 0,5 g | Kohlenhydrate: 0,5 g |
     Kalorien: 89,5
Zutaten für etwa 200 g (etwa 14 EL):
100 ml Kokosöl | 30 ml Tamari-Soße | 15 ml Apfelessig |
     15 ml Olivenöl, extra leicht | 25 g Mandeln,
     gestiftelt | ¼ TL Ingwer, gemahlen | ¼ TL Salz
Zubereitung:

1. Das Kokosöl in einem kleinen Topf erhitzen, Mandelstifte hinzugeben und diese bei niedriger, maximal mittlerer Temperatur sautieren. Dann vom Herd nehmen, sobald sie eine goldbraune Farbe angenommen haben und auf Zimmertemperatur abkühlen.

2. Sobald die Mandeln kühl genug sind, die anderen Zutaten schließlich einarbeiten und sich setzen lassen. Während dieses Vorgangs steigt das Öl nach oben, die Mandelstifte aber sinken zum Boden ab.

3. In Ruhe so stehen lassen und das Dressing erst dann umrühren, wenn es tatsächlich gebraucht wird. Bei der Entnahme aus dem Glas Flüssigkeit und auch Mandeln mit dem Löffel aufnehmen.

Tipp: Das Dressing hält sich mehrere Tage, sollte aber für eine Haltbarkeit von mehr als einer Woche im Kühlschrank aufbewahrt werden.

„Mayonnaise" (vegetarisch)

Nährwerte (pro Portion, 15 g):
Fett: 10,5 g | Protein: 0 g | Kohlenhydrate: 0 g | Kalorien: 94
Zutaten für etwa 280 g (20 EL):
2 Eier, davon das Eigelb | 240 ml extra leichtes Olivenöl, getrennt | 30 ml
Apfelessig | 1 TL Senf | ½ TL Salz | ¼ TL Paprikapulver

Zubereitung:

1. Alle Zutaten vor der Zubereitung auf Zimmertemperatur bringen.

2. Danach Eigelb, Senf, Paprikapulver und ein Viertel des Olivenöls (60 ml) mithilfe eines Mixers oder Pürierstabs circa eine Minute lang verrühren.

3. Innerhalb dieser Zeit den Rest des Olivenöls (180 ml) erst Tropfen für Tropfen, dann in einem dünnen Strahl zugeben.

4. Bei Bedarf noch einmal abschmecken und in einen luftdichten Behälter geben. Die Mayonnaise hält gut gekühlt (im Kühlschrank)sogar mehrere Wochen und kann auch gut als Basis für weitere Dips dienen. Schmecken lassen.

„Lachs-Dip"

Nährwerte (pro Portion, 15 g):
Fett: 9,5 g | Protein: 0 g | Kohlenhydrate: 0 g | Kalorien: 97
Zutaten für etwa 225 g (15 EL):
170 g Räucherlachs, ungewürzt und in feine Stückchen geschnitten | 115 g Mayonnaise, selbstgemacht | 60 g Dillgurken, fein gehackt | 55 g pikanter Cheddar, gerieben | eine Frühlingszwiebel, fein gehackt | ein EL Olivenöl, extra vergine | eine Prise Paprikapulver |
Zubereitung:

1. Zunächst Lachs, Mayonnaise und Olivenöl gründlich miteinander vermischen.Käse, Dillgurken, Frühlingszwiebeln, Paprikapulver, Salz und Pfeffer unterheben. Nun bis zum Verzehr kühl stellen.

„Thousand-Islands-Dressing" (vegetarisch)

Nährwerte (pro Portion, 15 g):
Fett: 7 g | Protein: 0 g | Kohlenhydrate: 1 g | Kalorien: 67
Zutaten für etwa 360 g (25 EL):
225 g Mayonnaise, selbstgemacht | 90 ml kalorienarme
     Tomatensoße | 60 g Gewürzgurken, gehackt | 10 g
     rote Zwiebeln, fein gehackt | ein EL Zitronensaft |
     ein TL Chilisoße | ¼ TL Salz

Zubereitung:

1. Alle Zutaten werden mithilfe eines Schneebesens vorsichtig
und gleichmäßig vermengt. Bis zum Verzehr kühl stellen.
Guten Appetit!

„Sauce Espagnole"

Nährwerte (pro Portion, 20 g):
Fett: 10 g | Protein: 7 g | Kohlenhydrate: 3,5 g | Kalorien:
132
Zutaten für etwa 120 g (etwa 6 gehäufte EL):
480 ml Rinderbrühe | 60 ml Tomatensoße | 30 ml
Zitronensaft | 28 g Butter | 4 Streifen
Frühstücksspeck, knusprig gebraten und fein
zerbröselt | ein Staudensellerie, fein gehackt |
eine mittelgroße Möhre, fein gewürfelt | eine
mittelgroße Zwiebel, fein gewürfelt | 2
Knoblauchzehen, fein gehackt | ½ Lorbeerblatt | ½
TL Thymian, getrocknet | ½ TL Oregano,
getrocknet | ¼ TL Majoran, getrocknet | ¼ TL Salz

Zubereitung:

1. Nach dem Frühstücksspeck-Braten in einem größeren Topf das Bratfett auffangen und um die Butter ergänzen. Anschließend Sellerie, Möhren- und Zwiebelwürfel circa zehn Minuten lang sautieren und leicht anbräunen.

2. Die Brühe, den fertig gebratenen Speck, die Knoblauchwürfel und alle Gewürze mit in den Topf füllen, dort eine halbe Stunde abgedeckt vor sich hin köcheln lassen.

3. Danach das Lorbeerblatt entfernen und die Mischung in einen Mixer geben oder mithilfe eines Pürierstabs im Topf pürieren.

4. Das Püree zurück in den Topf füllen oder direkt dort mit Tomatensoße und Zitronensaft anreichern.

5. Nun einkochen lassen, bis die Soße köchelt und zum Schluss zu Fleisch oder gekochtem Gemüse reichen.

„Schnittlauch/Sahne Dip" (vegetarisch)

Nährwerte (pro Portion, 15 g):
Fett: 3 g | Protein: 0,5 g | Kohlenhydrate: 0,5 g | Kalorien: 29
Zutaten für etwa 225 g (etwa 15 EL):
230 g saure Sahne | 15 g Schnittlauch, fein gehackten | ein TL Salz | eine Prise Pfeffer, schwarz

Zubereitung:

1. Die saure Sahne und den Schnittlauch gleichmäßig miteinander vermengen, salzen und pfeffern.

„Vinaigrette" (vegan)

Nährwerte (pro Portion, 15 g):
Fett: 11 g | Protein: 0 g | Kohlenhydrate: 0 g | Kalorien: 92
Zutaten für etwa 225 g (etwa 15 EL):
180 ml Olivenöl| 60 ml Rot- oder Weißweinessig | ¼ TL Salz | eine Prise Pfeffer

Zubereitung:

1. Als erstes Essig sowie Salz und Pfeffer in einer Schüssel mithilfe einer Gabel gleichmäßig vermischen.

2. Mit Olivenöl aufgießen, dann noch einmal gründliche verrühren.

„Überbackener Schinken-Käse-Dip"

Nährwerte (pro Portion, 15 g):
Fett: 3 g | Protein: 1 g | Kohlenhydrate: 0,5 g | Kalorien: 33
Zutaten für etwa 670 g (etwa 45 EL):
230 g saure Sahne | 110 g Frischkäse, auf Zimmertemperatur | 90 g Cheddar | 6 Scheiben Frühstücksschinken, knusprig gebraten und in feine Stückchen zerbröselt | 3 Frühlingszwiebeln, gehackt

Zubereitung:

1. Den Backofen vorheizen, 190 °C ist hier eine ideale Temperatur.

2. Währenddessen saure Sahne, Frischkäse, Käse, Schinken und gehackte Frühlingszwiebeln in einer Schüssel gründlich vermischen und dann in eine kleine Auflaufform füllen.

3. Im Backofen für circa 30 Minuten backen lassen – solange, bis der geschmolzene Käse schließlich beginnt, Blasen zu bilden. Die perfekte Ergänzung zum ketogenen ‚Brot'. Schmecken lassen.

„Weiße Grundsoße"

Nährwerte (pro Portion, 60 g):
Fett: 28 g | Protein: 1 g | Kohlenhydrate: 2 g | Kalorien:
264
Zutaten für etwa 300 g (etwa 20 EL):
120 ml Hühnerbrühe | 120 ml Kokosmilch, alternativ
Sahne | 30 ml Wasser | 120 g Butter | 40g
Zwiebeln | 1 TL Tapioka | ¼ TL Thymian,
getrocknet | ¼ TL Salz | eine Prise Pfeffer, weiß

Zubereitung:

1. Einen mindestens mittelgroßen Topf aufstellen und darin die Butter schmelzen lassen.

2. Danach die Zwiebeln hinzugeben und so lange garen, bis sie schließlich leicht gebräunt sind.

3. Die Hitze kleiner Stellen und die Brühe, die Kokosmilch, Thymian, Salz und Pfeffer zu den Zwiebeln geben und alles unter regelmäßigem Umführen gut acht Minuten köcheln lassen.

4. Die Tapioka mit dem Wasser gründlich vermischen und in die Soße geben. Dabei so lange gleichmäßig weiterrühren, bis die Soße eine leicht dickliche Konsistenz angenommen hat.

5. Am Ende noch einmal salzen und pfeffern. Schmecken lassen.

Tipp: Diese weiße Grundsoße ersetzt eine klassische Béchamelsauce und passt perfekt zu diversen Gemüsesorten, Fleisch und Fisch. Gleichzeitig lässt sie sich leicht zu anderen Soßen (wie den zwei folgenden) abwandeln.

„Champignonsoße" (vegetarisch)

Nährwerte (pro Portion, 60 g):
Fett: 23 g | Protein: 1 g | Kohlenhydrate: 2 g | Kalorien: 215
Zutaten für etwa 360 g (25 EL):
weiße Grundsoße (S.99) | 70 g Champignons, feinblättrig geschnitten

Zubereitung:

1. Die weiße Grundsoße als erstes wie gehabt zubereiten.

2. Kurz vor Ende des Kochvorgangs werden die Champignonscheiben hinzugefügt und alles gut vermischt.

„Senfsoße"

Nährwerte (pro Portion, 60 g):
Fett: 23 g | Protein: 1 g | Kohlenhydrate: 2 g | Kalorien: 215
Zutaten für etwa 360 g (25 EL):
weiße Grundsoße (S.99) | 45 g Senf

Zubereitung:

1. Die weiße Grundsoße wie zuvor zubereiten. Die Sahne vor dem Einrühren jedoch zuerst mit dem Senf vermischen und erst dann zu den weiteren Zutaten geben. Guten Appetit!

„Hüttenkäse-Beeren-Pudding" (vegetarisch)

Nährwerte pro Portion:
Fett: 28,5 g | Protein: 8 g | Kohlenhydrate: 3,5 g |
Kalorien: 302
Zutaten pro Portion:
1/8 Tasse (60 g) Kokosöl, flüssig | ¼ Tasse Beeren (z.B.
Himbeeren, Brombeeren, Heidelbeeren,
Johannisbeeren) | ¼ Tasse (60 g) Hüttenkäse | 1
Spritzer Mandelextrakt

Zubereitung:

1. Zuerst das Kokosöl und die Beeren in eine hitzebeständige Schale beziehungsweise einen kleinen Topf tun.

2. Unter vorsichtigem Rühren erhitzen, aber nicht kochen lassen. Optimal sind hier 65 Grad.

3. Dann die Schale beziehungsweise den Topf von der Kochstelle nehmen, sogleich den Hüttenkäse und den Mandelextrakt einrühren. Die körnige Struktur des Hüttenkäses sollte dabei unbedingt erhalten bleiben. Außerdem sollten die Beeren beim Rühren nicht vollkommen zerdrückt werden.

4. Leicht abkühlen lassen und zum Schluss das Gericht genießen.

„Panna Cotta" (vegetarisch)

Nährwerte:
Fett: 36,1 g | Protein: 6,4 g | Kohlenhydrate: 5 g |
Kalorien: 381,1
Zutaten pro Portion:
120 ml Sahne | 2 Blatt Gelatine | ½ Vanilleschote (das
Vanillemark) | Süßstoff (z.B. Stevia) nach Belieben
Zubereitung:

1. Die Vanilleschote zunächst seitlich aufschneiden und auskratzen. Die Hälfte des Vanillemarks zur Sahne geben. Beides miteinander verrühren, dann noch einmal aufkochen lassen.

2. Den Topf zur Seite schieben und etwas abkühlen lassen. Währenddessen wird die Gelatine in dem Wasser eingeweicht, ausgedrückt und in der noch warmen Sahne aufgelöst. Dabei alles mit dem Schneebesen glattrühren, um eine Klümpchenbildung zu vermeiden.

3. Die Mischung nun in eine Puddingform füllen, auf Raumtemperatur herunterkühlen lassen und dann mindestens 6 Stunden lang in den Kühlschrank stellen.

„Pfirsichcreme" (vegetarisch)

Nährwerte:
Fett: 32 g | Protein: 5 g | Kohlenhydrate: 6 g | Kalorien: 332
Zutaten für 6 Portionen:
3 Eier | 2 Tassen süße Sahne oder Kokosmilch | 1 TL Mandelextrakt | 1/8 TL Salz | 1 ½ Tassen Pfirsiche, in feinen Stücken | 1 EL Mandelsplitter | Zimt

Zubereitung:

1. Den Backofen zuerst auf 180 Grad (Ober- und Unterhitze) vorheizen. Währenddessen die Sahne mit den Eiern, dem Mandelextrakt und dem Salz per Schneebesen cremig schlagen.

2. Nun die zerkleinerten Pfirsiche unterrühren, die Creme in 6 hitzebeständige Dessertschalen füllen. Diese kommen dann auf ein Backblech mit erhöhtem Rand beziehungsweise auf eine Fettpfanne.

3. Das Backblech bis zu einer Höhe von ca. 2,5 Zentimetern mit Wasser füllen. Danach wird es vorsichtig in den Backofen geschoben, um dort ca. 45 Minuten lang zu backen. Wenn ein in die Creme gestochenes Messer ohne Anhaftungen wieder herausgezogen werden kann, ist das Dessert schließlich fertig.

4. Das Backblech aus dem Ofen und die Schalen vom Backblech nehmen. Nach einem leichten Abkühlen kann die Creme nun warm genossen werden. Alternativ kann man sie auch in den Kühlschrank geben und später gut gekühlt essen. Guten Appetit!

„Wackelpudding"

Nährwerte:
Fett: 0 g | Protein: 4,3 g | Kohlenhydrate: 0,4 g | Kalorien: 18,8
Zutaten pro Portion:
100 ml Apfeltee | 3 Blatt Gelatine | 1 Spritzer Limettensaft | Süßstoff nach Belieben | Etwas Vanillearoma

Zubereitung:

1. Den Apfeltee mit dem Limettensaft, dem Süßstoff und dem Vanillearoma einmal aufkochen und danach abkühlen lassen.

2. Die Gelatine in dem Wasser einweichen, ausdrücken und im noch warmen Tee gründlich auflösen. Gut verrühren, um Klümpchenbildung zu vermeiden.

3. Alles in eine Glasschale füllen. Dann zum Festwerden für mindestens 3 Stunden in den Kühlschrank stellen.

„Zimt-Pfirsich-Soufflé" (vegetarisch)

Nährwerte:
Fett: 34,5 g | Protein: 14 g | Kohlenhydrate: 7 g | Kalorien: 394
Zutaten pro Portion:
2 Eier | 1 Prise Salz | 1/8 TL Mandelextrakt | 1/8 TL Zimt | 1 Prise
Gewürznelken, gemahlen | 60 g Pfirsiche, fein gehackt | 20 g
Pekannüsse, fein gehackt | ½ EL Kokosmehl | 1 EL Kokosöl

Zubereitung:

1. Den Backofen auf 180 Grad (Ober- und Unterhitze) vorheizen. In der Zwischenzeit werden die Eier getrennt und das Eiweiß per Mixer steif schlagen.

2. In einer weiteren Schüssel nun das Eigelb zusammen mit dem Mandelextrakt, dem Zimt, dem Nelkenpulver, den Pfirsichstücken, den Pekannüssen und dem Kokosmehl verrühren.

3. Etwa ein Drittel des Eischnees wird unter die Eigelbmasse gehoben und gut vermischt. Anschließend die Eigelbmasse unter den verbliebenen Eischnee heben und vorsichtig vermengen.

4. Das Kokosöl in einer backofenfesten Pfanne auf dem Herd erhitzen. Die Eiermasse hineingeben und glattstreichen.

5. Die Hitze auf mittlere Stufe zurückdrehen, die Pfanne abdecken und das Soufflé etwa 4 Minuten lang braten. Die Unterseite wird dabei bereits gebräunt. Vorsicht, dass nichts anbrennt!

6. Den Deckel der Pfanne abnehmen, die Pfanne in den Backofen geben. Hier muss das Soufflé etwa 20 Minuten lang backen, bis es oben goldbraun ist.

7. Pfanne aus dem Backofen nehmen, leicht abkühlen lassen und das Soufflé vorsichtig herausnehmen. Zu diesem Zweck kann es zuvor eventuell mittig zerteilt werden.

8. Zum Schluss servieren und noch warm genießen. Schmecken lassen.

„Waffeln mit Zimt-Butter" (vegetarisch)

Nährwerte:
Fett: 19 g | Protein: 12g | Kohlenhydrate: 3g | Kalorien: 255
Zutaten für 2 Portion:
3 Eier | 150g Frischkäse|60 g Mandelmehl|1/2 TL gemahlene Vanille|3/4 Tl Backpulver

Zubereitung:

1. Eier und Frischkäse in eine Schüsselgeben und gut miteinander vermengen.
2. Die restlichen Zutaten hinzugeben und ebenfalls vermengen.
3. Waffeleisen erwärmen, etwas Butter auf die Platte geben und die Waffeln backen.

„Zimt Butter Topping"
Nährwerte pro Portion: : |450 KCAL|55 g Fett
Zutaten für 4 Portion:
|8 EL Butter ||4 Prise Zimt |Stevia Xucker

ZUBEREITUNG
1. Die Butter in einer kleinen Pfanne schmelzen
2. die restlichen Zutaten hinzugeben
3. Die Soße über die Waffeln geben und genießen.

TIPP: Butter etwas bräunen, man erhält einen tollen Karamell-Geschmack.

„Schwarzwälder Kirschtorte"

Nährwerte:

| Kalorien: 170kcal | Kohlenhydrate: 4g | Eiweiß: 7g | Fett: 16g

Zutaten für 10 Portion:

Für den Teig: 1 kleine Springform| 5 Eier| 2 EL Quark|5 TL Kakao ohne Zucker| Stevia Xucker pur

Für die Creme und Füllung :400 ml Schlagsahne| 5 Blatt Blatt-Gelatine 200 g |Sauerkirschen |10 g Schokolade

Kuchenböden Zubereiten:

1. Eier trennen und das Eiweiß steif schlagen.
2. Eigelb gründlich mit Quark, Kakao, Eiweiß und Stevia Xucker vermischen.
3. Jeweils ein Drittel der Masse in eine mit Backpapier ausgelegte Springform füllen und für etwa 15-20 Minuten bei 180 Grad backen.
4. Danach die Böden abkühlen lassen.

Kirschen und Sahne vorbereiten

1. Einige Kirschen für die Deko zur Seite legen.
2. Die Restliche Kirschen auftauen, zerdrücken und Kirschsaft abtropfen lassen.
3. Gelatine einweichen, schmelzen und mit etwa 40 ml Sahne verrühren.
4. Restliche Sahne steifschlagen, mit Gelatine verrührte und Sahne dazugeben (dabei kräftig weiterschlagen)

Tortenaufbau

1. Auf dem untersten Kuchenboden einen Sahnekleks geben (in die Mitte) auch außen mit Sahne ummanteln. Die Hälfte der Kirschen nun dazwischen verteilen.
2. Den Zweiten Boden darauf platzieren und den vorherigen Schritt wiederholen.
3. Den dritten Boden platzieren und die Torte vollständig mit Sahne ummanteln.
4. Die restlichen Kirschen zur Dekoration der Torte verwenden und mit Schokoladen streuseln verfeinern.

„Schoko Kekse"

Nährwerte pro Keks:
|50Kcal|9G PROTEIN| 6G Kohlenhydrate| 8g Fett|

Zutaten für 9 Kekse:
|100g Avocado|2 EL Kakaopulver| 1 Ei| 1-2 EL Erythrit
|½ TL Backpulver|30g Mandelmehl|

Zubereitung:

1. Die Avocado zusammen mit den Eiern pürieren. Beachte: sie muss richtig cremig sein, keine Stückchen mehr vorhanden sein.

2. Die restlichen Zutaten hinzu geben und gründlich vermischen.

3. Teig nun in neun gleich große Häufchen auf ein Backblech geben

4. Bei 180° Grad werden die Schokokekse nun 15 Minuten im Ofen gebacken, bis sie außen fest sind.

5. Abkühlen lassen und genießen!

„Blaubeer Eis"

Nährwerte für 5 Portionen:

|Fett: 30 g | Protein: 4 g | Kohlenhydrate: 7 g |Kalorien
375g |Zucker 5g|

Zutaten für 5 Portionen:
|300 g Blaubeeren| 300 g Frischkäse
|60 ml MCT-Öl 40 g |Puder-Xucker Erythrit|
|1 TL Vanille Aroma| 15 Tropfen Stevia

Zubereitung:

1. 300g Blaubeeren etwa 4 Stunden lang einfrieren.

2. Danach die Blaubeeren in einen Mixer geben.

3. Vanille Aroma , Frischkäse, , Stevia und MCT Öl dazu tun.

4. Puder-Xucker hinein sieben.

5. Das Ganze pürieren.

6. In die Eismaschine füllen und es fertig vereisen lassen.

„Cheesecake Brownies"

Nährwerte für 10 Portionen:
|Kalorien 90 kcal| Fett 9g|Kohlenhydrate 1g
|Proteine 3g|
Zutaten Für die Füllung:

|150 g Frischkäse| 30 g Stevia|1 Ei

Für die Brownies:

|60 g Low-Carb Milchschokolade|4 EL Butter|2 Eier

|50g Stevia |25 g Low Carb Kakao Pulver|40 g Mandelmehl

Zubereitung:

1. **Backofen auf 200°C vorheizen.**

2. **Den Frischkäse, Stevia und das Ei gut vermischen.**

3. **Schokolade zusammen mit der Butter in einer Glasschüssel schrittweise zum Schmelzen bringen. So geht's: stellen sie die Schüssel für etwa 30 Sekunden bei 500 Watt in die Mikrowelle, wiederholen sie diesen Vorgang bis die Schokolade flüssig ist. (Während den 30s umrühren.)**

4. **Schlage Sie die Browniemasse in einer anderen Schüssel Stevia Zucker und die Eier auf.**

5. **Unter ständigem Rühren das Mandelmehl und das Kakao Pulver hinzu geben.**

6. **Anschließend vorsichtig die flüssige Schokoladen Masse hinzu geben.**

7. **Backblech mit Backpapier vorbereiten und zuerst eine Schicht Browniemasse auftragen.**

8. **Als nächste Schicht nun die Cheese Creme auftragen.**

9. **Anschließend restliche Browniemasse zum abdecken nutzen.**

10. **Backblech für etwa 30-35 Minuten im Ofen lassen.**

11. **Herausnehmen, abkühlen lassen und genießen.**

„Pfannkuchen" (vegetarisch)

Nährwerte für 2 Portionen:

|Kalorien 200g| Protein 15g| Fett 20g|

Zutaten:

80 g Mascarpone|40 g Mandeln | 2 Eier |Vanille-Xucker|1/2 TL Backpulver|

Zubereitung:

1. Alle Zutaten in einem Mixer mixen.

2. Nun in einer kleinen Pfanne in Kokosöl ausbacken.

3. Die Sahne steif schlagen und auf einem Pfannkuchen verteilen.

4. Zum Schluss noch zusammenrollen oder gleich so verzehren.

Nun Folgen

**Ketogene Burger & Fastfood,
denn in der Keto muss man
nicht verzichten!**

„DER PULLEDPORK BURGER"

Nährwerte:

Fett: 36,6 g |Protein27 g | Kohlenhydrate: 5 g | Kalorien:
470

Zutaten für 8 Portion:

1,5 Kg Schweineschulter(Knochenfrei)| 150g Zwiebeln | 8
Mandelbrötchen | 2 Lorbeerblätter |
<u>fürs RUB</u>
1 EL Zwiebel Pulver | 1 EL Knoblauchpulver |
1EL Paprikapulver | 2TL Salz | 1 EL
geräuchertes Paprikapulver | ½ TL Pfeffer |
<u>Fürs Coleslaw</u>
400g Weißkohl| 60g rote Zwiebeln|
Zitronensaft | Pfeffer| 80g Mayonnaise | 1
Karotte|

Zubereitung:

1. Heize deine Slowcooker/Backofen/ Sous Vide
    Stick auf high vor.

    Beachten Sie! Sollten Sie sich noch nicht mit
    dem Sous Vide Verfahren beschäftigt haben,
    müssen Sie keine Angst haben man kann auch
    problemlos im Backofen oder mit dem
    Thermomix arbeiten, dazu weiter unten mehr.

2. Mischen Sie alle Gewürze für den Rub in einer
    Schüssel zusammen (gut vermengen).

3. Die Haut des Schweinefleischs quadratisch
einschneiden.

4. Das Fleisch gut mit der vorbereiteten
Gewürzmischung einstreichen, die Zwiebel
schälen und grob schneiden. Die Zwiebel in den
vorgeheizten Slowcooker geben und
Lorbeerblätter hinzufügen.

5. Das Schweinefleisch nun auf die Zwiebeln
legen und mit einem Deckel abdecken Nun auf
„niedriger" Temperatur (etwa 60 Grad) 10-12
Stunden kochen.
 (Wasser wird keines benötigt!)

6. In der Zwischenzeit die Soße zubereiten. Den
Bratensaft mit den gekochten Zwiebeln und
Lorbeerblättern in einen Mixer geben. Pürieren
bis die Masse glatt ist und anschließend
kühlstellen.

7. Sobald das Schweinefleisch gekocht und
knusprig ist, aus dem Cooker nehmen und in
eine Schüssel geben. Nun das Fleisch in
kleinere Stücke zerkleinern. Im Letzen Schritt
Gießen Sie die Sauce aus dem Mixer über das
Fleisch und vermengen sie diese.

8. Nun das Ganze auf die Mandelbrötchen geben
und genießen!

Sous-Vide mit dem Backofen

Auch der **Backofen** ist eine gute **Alternative** zu einem **Slowcooker.**

1. Gewünschte Temperatur am Backofen einstellen.

2. Topf mit Wasser hineinstellen

3. Mit Thermometer Temperatur im Wasser kontrollieren (sehr wichtig)

4. Nachdem erreichen der Temperatur das zu garende Fleisch in einen Gefrierbeutel geben und in den Topf legen.

5. Temperatur möglichst konstant halten (damit wird das Fleisch besonders Zart)

6. Nach Ablauf der Zeit vorsichtig heraus nehmen.

Sous-Vide mit dem Thermomix

Auch moderne Küchenmaschinen verfügen über diesen Modus wie beispielsweise der **Thermomix**. Diese verfügen über eine **beheizbare Rührschüssel** die sich auch zum Sous Vide Garen eignet.

Tipp: Zum Burger gehören natürlich Brötchen und Pommes, die dazu passenden Rezepte finden Sie im Inhaltsverzeichnis unter „Mandelbrötchen" und „ketogene Pommes"!
Außerdem finden sich im Inhaltsverzeichnis für jeden Geschmack passende Dips & Soßen!

„Cheeseburger Speziale"

Nährwerte:
Fett: 45 g | Protein: 35 g | Zucker 1g | Kalorien: 557
Zutaten für 2 Portionen:
2Eier | 10El 200g Rinderhack | 2 Scheiben Bacon|25g
      Mozarella | 50g Cheddar| 1TL Salz|1 EL Butter
      | 1/2TL Pfeffer|
Zubereitung:

1. Das Rinderhack würzen und mit Mozarella vermeischen und zu Burger Patties formen.

2. Nun 2 Pfannen herrichten.

3. Jeweils Butter in den Pfannen erhitzen.

4. In einer Pfanne die Burger Patties von beiden Seiten scharf anbraten (etwa 2 Min pro Seite)

5. In der zweiten Pfanne parallel den Bacon knusprig braun braten.

6. Anschließend die Spiegeleier in der freien Pfanne anbraten.

7. Währenddessen die Bacons auf den Burger Patties platzieren und mit Cheddar-käse verfeinern.

8. Im letzten Schritt alles auf einem Teller anrichten. Eventuell auf einem Mandelbrötchen platzieren und genießen!

**Tipp: Zum Burger gehören natürlich Brötchen und Pommes, die dazu passenden Rezepte finden Sie im Inhaltsverzeichnis unter „Mandelbrötchen" und „ketogene Pommes"!
Außerdem finden sich im Inhaltsverzeichnis für jeden Geschmack passende Dips & Soßen!**

„Putenburger"

Nährwerte (pro Portion):
Fett: 24 g | Protein: 41 g | Kohlenhydrate: 4 g | Kalorien: 396
Zutaten für zwei Portionen:
225 g Putenhackfleisch | 60 g Cheddar, gerieben | 30 g Spinat, frisch und feingehackt | 1 Ei, leicht verquirlt | 2 TL Limonensaft, frisch gepresst | 1 TL Zwiebeln, getrocknet und gehackt | ¼ TL Salz | 1 Prise Pfeffer, schwarz

Zubereitung:

1. Als erstes wird aus dem Hackfleisch, dem Spinat, der Hälfte des Käses, dem Ei, den Zwiebeln, dem Limonensaft sowie Salz und Pfeffer eine gleichmäßige Burgermasse hergestellt. Dabei alles gut vermengen.

2. Den Backofen dann auf 220 °C Temperatur einstellen.

3. Anschließend diese zu zwei gleich großen Burger Patties verarbeiten, mit diesen eine Backform befüllen.

4. Den Rest des Käses gleichmäßig auf den Burgern verteilen und alles 30 Minuten lang backen. Am Ende der Garzeit sollten die Burger Patties schließlich durch und der Käse braun und knusprig geworden sein.

5. Den Burger auf einem Teller oder Mandelbrötchen platzieren und genießen!

Tipp: Zum Burger gehören natürlich Brötchen und Pommes, die dazu passenden Rezepte finden Sie im Inhaltsverzeichnis unter „Mandelbrötchen" und „ketogene Pommes"!
Außerdem finden sich im Inhaltsverzeichnis für jeden Geschmack passende Dips & Soßen!

„Ketogener Döner"(auch vegie)

Nährwerte pro Portion:

|Kalorien 580 Kcal| Protein 37g| Fett37g| Kohlenhydrate 12g|

Zutaten für 6Portionen:

6 Portionen ketogenes Fladenbrot (Rezept dazu auf der nächsten Seite!)

Für die Füllung:

300g Tofu Natur (alternativ mit Fleisch) | 5 EL Olivenöl 150g Eisbergsalat, in Streifen geschnitten |

|2 EL Glutenfreie Sojasauce | |150g Gurke, in feine Scheiben gehobelt|90g Tomaten, fein gewürfelt|4 TL Bumblebees Magic Spice|

Für die Sauce:

300g Sojajoghurt natur |60g Mayonnaise 20-25% Fett|45g zuckerfreies Ketchup|2 TL Kurkuma | 1 TL Stevia|

Zubereitung:

1. **In das Fladenbrot quer eine Tasche einschneiden und öffnen.**

2. **Für die Sauce alle Zutaten gut vermischen. Den Tofu ausdrücken in hauchdünne Scheiben schneiden. (Alternativ das Fleisch in möglichst dünne Scheiben schneiden.)**

3. **Olivenöl in einer Pfanne erhitzen, Tofuscheiben hineingeben und knusprig braun braten. Nun zusammen mit Magic Spice in die Pfanne geben und mit dem Tofu verrühren. Mit Sojasauce ablöschen, abschmecken und die Pfanne vom Herd nehmen.**

4. **Im Letzen Schritt das Fladenbrot mit dem Fleisch der Soße usw. befüllen.**

„Ketogenes Fladenbrot"

Nährwerte je 100g:

|190 Kalorien Kcal| Protein 17g| Fett 9g| Kohlenhydrate 4g|

Zutaten für 8 Portionen:

30 g Bambusfasern| 25 g Eiklarpulver|40 g Flohsamenschalen gemahlen

150 g Mandelmehl|1 Packung Weinsteinbackpulver|3 Päckchen Trockenhefe

|1 TL Salz|2 EL Olivenöl|450 ml heißes Wasser|4 EL Apfelessig|1 1/2 EL Olivenöl

|je 1 TL Schwarzkümmel, Sesam und Oregano zum Bestreuen|

Zubereitung:

1. Backrohr auf 220°C Ober-/Unterhitze vorheizen.
2. Zutaten in eine Schüssel geben und gut vermengen.
3. Teig etwa acht bis 10 Minuten gehen lassen.

<u>Aus dem Teig</u>

1. 8 gleich große Kugeln formen, anschließend auf ein Backpapier legen und flach drücken. Den Teig mit feuchteten Fingern gleichmäßig flach drücken. Beachte: der Teig sollte auch in den Ecken gut verteilt werden. der Teig wird sehr dünn plattgedrückt etwa 1-2 cm hoch.

2. Die Teigoberfläche zuerst mit Olivenöl bepinseln und mit Oregano, Schwarzkümmel und Sesam bestreuen.

3. Im Backrohr circa 20 bis 24 Minuten backen, bis sie Golden braun sind.

4. Zum Schluss aus der Backrohr nehmen und abkühlen lassen. Guten Hunger!

„Ketogene Pizza" (auch Vegie)

Nährwerte für 4 Portionen:

Kalorien 200Kcal |Proteine 15g |Fett 13g|Kohlenhydtate 2g|

Zutaten:

<u>Für den Boden:</u>

150 g körniger Frischkäse|150 g Gouda gerieben|2 Ei|25 g Mandeln (gemahlen) |Salz| Pfeffer| Paprika| Oregano|

<u>Für den Belag:</u>

Tomatenmark||Paprika| Salami| Schinken z.B. Prosciutto di Parma|

Für Vegetarier anstatt Salami und Schinken z.B. Pilze wählen

<u>Zubereitung des Bodens:</u>

1. Alle Zutaten in eine Schüssel geben und gut verrühren.

2. Anschließend den Teig schön gleichmäßig auf einem mit Backpapier belegten Backblech verteilen.

3. Etwa 20 Minuten darf der Pizzaboden bei ca. 180°C nun backen.

<u>Belag:</u>

1. Backblech nun aus dem Ofen nehmen um die Pizza zu belegen.

2. Zunächst Tomatenmark dünn auf dem Boden verteilt.

3. Mit Salami/Schinken oder Pilzen belegen.

4. Paprika streifen verteilen und mit Goudakäse bedecken.

5. Weitere 20 min bei 200°C in den Ofen geben.

Schlusswort

Sehr geehrter Leser wir gratulieren Ihnen hiermit recht herzlich, denn wenn Sie das Buch bis hierher gelesen haben und einige der Rezepte gekocht haben, sollten Sie gut für den Weg mit der ketogenen Diät gewappnet sein.

Das wichtigste ist hier wie bei vielem im Leben, Ziele lassen sich nicht direkt von heute auf morgen verwirklichen, weshalb die Devise wie so oft dran bleiben heißt.

Wir sind aber davon überzeugt, dass Sie mit diesem Buch die Umsetzung der ketogenen Diät verwirklichen werden und wünschen Ihnen für Ihren weiteren Weg das aller beste und eine Menge Freude mit der ketogenen Ernährung.

Zum Schluss würden wir uns noch sehr über Ihre weitere Unterstützung freuen.
Wir hoffen, Ihnen hat das Buch gefallen über eine Rezension würden wir uns sehr freuen.

Außerdem können Sie uns ganz einfach auf Amazon folgen um keines der weiteren Kochbücher von „Die Kochexperten" zu verpassen!

Auf der nächsten Seite finden Sie nun unser zweites Werk zum Spiralschneider, auch dieses können wir Ihnen mit bestem Gewissen ans Herz legen, denn auch in diesem Buch sind einige leckere Rezepte die man, für die ketogene Diät verwenden kann.

99
REZEPTE
Koch
EXPERTEN
SPIRALSCHNEIDER
Kochbuch
ZUM SELBER MACHEN
IN WENIGEN MINUTEN

Risiko-Hinweis und Haftung

Empfehlungen, Charts und Tabellen für verlässlich, jedoch können wir keine Garantie für Richtigkeit und Aktualität übernehmen. Die Inhalte in diesem Werk sind nach bestem Gewissen verfasst, wir halten unsere Quellen für verlässlich, aber auch hier können wir keine Garantie auf Richtigkeit und Aktualität geben. Die Informationen geben lediglich einen Einblick in die Meinung der Verfasser.

Haftungsausschluss

Die Inhalte wurden mit größtmöglicher Sorgfalt erstellt. Der Autor übernimmt jedoch keine Gewähr für die Richtigkeit und Vollständigkeit der hier befindlichen Informationen sowie bereitgestellten Inhalte. Urheber- und Kennzeichenrecht Bei den Inhalten die erstellt wurden, werden die Urheberrechte Dritter beachtet. Insbesondere werden Inhalte und Rechte Dritter als solche gekennzeichnet. Sollte der Nutzer trotzdem auf eine Urheberrechtsverletzung aufmerksam werden, bitten wir um einen entsprechenden Hinweis. Bei Bekanntwerden von Rechtsverletzungen werden wir derartige Inhalte umgehend entfernen.

Quellenangaben

Icons made by Freepik (https://www.flaticon.com/authors/freepik) from www.flaticon.com (https://www.flaticon.com/)

Impressum

1. Auflage
Copyright 2024 – DIE KOCHEXPERTEN
Alle Rechte vorbehalten.
Das Werk darf - auch teilweise - nur mit Genehmigung des
Verlags vervielfältigt werden.

ISBN: 978-3-98935-589-7

Lucid Page Media (ein Imprint der Orbita Media GmbH)
Ericusspitze 4
20457 Hamburg
Deutschland

kontakt@lucidpagemedia.de

Covergestaltung: Pixelstudio
Coverfoto: depositphotos.com

DIEKOCHEXPERTEN@YAHOO.COM